U0498148

政府引导基金
对企业创新的影响研究：
基于风险投资机构异质性视角

张慧雪 ○ 著

西南财经大学出版社
Southwestern University of Finance & Economics Press
中国·成都

图书在版编目(CIP)数据

政府引导基金对企业创新的影响研究:基于风险投资机构异质性视角/张慧雪著.--成都:西南财经大学出版社,2025.4. --ISBN 978-7-5504-6638-8

Ⅰ.F832.2;F279.23

中国国家版本馆 CIP 数据核字第 2025KX3734 号

政府引导基金对企业创新的影响研究:基于风险投资机构异质性视角
ZHENGFU YINDAO JIJIN DUI QIYE CHUANGXIN DE YINGXIANG YANJIU;JIYU FENGXIAN TOUZI JIGOU YIZHIXING SHIJIAO

张慧雪　著

责任编辑:李　才
助理编辑:陈进栩
责任校对:邓嘉玲
封面设计:何东琳设计工作室
责任印制:朱曼丽

出版发行	西南财经大学出版社(四川省成都市光华村街55号)
网　　址	http://cbs.swufe.edu.cn
电子邮件	bookcj@swufe.edu.cn
邮政编码	610074
电　　话	028-87353785
照　　排	四川胜翔数码印务设计有限公司
印　　刷	成都市新都华兴印务有限公司
成品尺寸	170 mm×240 mm
印　　张	13
字　　数	220 千字
版　　次	2025 年 4 月第 1 版
印　　次	2025 年 4 月第 1 次印刷
书　　号	ISBN 978-7-5504-6638-8
定　　价	78.00 元

1. 版权所有,翻印必究。

2. 如有印刷、装订等差错,可向本社营销部调换。

前言

政府引导基金是由政府设立并按照市场化方式运作的政策性基金，其设置主要是为了引导社会资金进入创业投资领域，进而支持创新创业活动。现阶段，政府引导基金以参股运作模式的间接投资为主，通过委托外部风险投资机构进行管理，重在市场化运作。市场化运作能够避免政府直接参与投资产生的政治关联问题，但容易导致激励不足。因此在实践中，对政府引导基金能否解决市场失灵、促进企业创新的问题依然存在较大争议。

本书从风险投资机构异质性视角研究政府引导基金对企业创新的影响，将政府引导基金、风险投资机构和被投资企业三者统一纳入分析，在理论上完善了政府引导基金的研究框架，在实践上从政府引导基金设立的根本目的加深人们对该种影响的认识。本书以2013年至2019年新三板上市企业为研究样本，采用以清科数据库为主的公开数据，并结合手工整理，对数据回归后得出的主要结论如下。

第一，使用倾向匹配得分法将有政府引导基金投资的企业与无政府引导基金投资的企业进行匹配，检验政府引导基金对企业创新的影响。结果发现与没有政府引导基金投资的企业相比，有政府引导基金投资的企业在研发投入和创新产出方面都有显著提高。进一步分样本回归发现，政府引导基金对大规模企业、非国有企业和新三板创新层企业的研发投入和创新产出的促进作用更大。通过 Heckman 两阶段回归控制内生性问题以及替换因变量的测量等稳健性检验后，本书发现政府引导基金对企业创新的促进作用依然存在。

第二，对风险投资机构异质性从三个角度展开分析，分别是风险投资机构是否为国有风险投资机构、风险投资机构声誉高低、风险投资机构是否从事专业化投资，具体分析风险投资机构受政府引导基金委托后对企业创新的影响效果。

从风险投资机构是否为国有风险投资机构角度展开分析，检验发现政府引导基金通过委托国有风险投资机构进行管理抑制了企业创新。进一步分析发现，国有风险投资机构投资国有企业反而能促进企业创新，原因是政府引导基金、国有风险投资机构与国有企业同样拥有政府背景，减少了代理冲突。通过替换企业创新变量的测量、将样本进行洁净化处理等稳健性检验，该结论依然成立。

从风险投资机构声誉高低角度展开分析，检验发现政府引导基金通过委托高声誉风险投资机构进行管理能促进企业创新，支持了"认证效应"假说。进一步分析其作用机制发现，高声誉风险投资机构通过缓解企业融资约束进而促进企业创新。通过替换风险投资机构声誉变量的测量、企业创新变量的测量等稳健性检验，该结论依然成立。

从风险投资机构是否从事专业化角度展开分析，检验发现政府引导基金通过委托从事企业早期阶段专业化的风险投资机构并未促进企业创新。但是当风险投资机构与被投资企业的所在地区相同时，早期阶段专业化的风险投资机构能够促进企业创新投入，说明风险投资机构早期阶段专业化作用的发挥需要借助于"本地偏好"的投资策略。此外，当从事早期阶段专业化的风险投资机构投资处于早期阶段的企业时，能促进企业创新投入，体现了投资策略与投资阶段匹配的重要性。通过替换企业早期阶段等变量测量，该结论依然稳健。

本书的创新之处主要体现在以下三方面：第一，从政府引导基金的视角验证了政府通过市场化手段调节的积极作用。本书的研究对象政府引导基金将政府的"有形之手"与市场的"无形之手"相结合，深化了人们对政府与市场关系的认识，为政府如何有效参与市场发展提供了实证证据。第二，从风险投资机构异质性视角揭示了政府引导基金促进企业创新的内在机制。现有研究主要集中在政府引导基金对风险投资机构行为的影响以及政府引导基金对企业创新行为的影响这两方面，本书将政府引导基金、风险投资机构和被投资企业三者统一纳入分析，完善了政府引导基金的研究框架。第三，从资源禀赋论角度解释了风险投资机构参与政府引导基金管理对企业创新行为的影响。考虑资源禀赋，既符合风险投资机构特点，又能全面地分析政府引导基金委托不同类型的风险投资机构对企业创新行为的差异性影响。

本书的研究结论对如何提高我国政府引导基金的投资效果有一定启示。首先，政府应该持续设立引导基金，充分发挥市场机制的优势，以间接投资促进被投资企业的创新。其次，当被投资企业是国有企业时，政府引导基金可以委托国有风险投资机构进行管理，减少代理成本。再次，政府引导基金可以委托高声誉风险投资机构进行管理，借助高声誉风险投资机构的认证作用更好地缓解企业融资约束，进而促进企业创新。最后，政府引导基金可以委托从事早期阶段专业化的风险投资机构，并且投资本地企业和处于早期阶段的企业，发挥风险投资机构的专业化优势，提高企业创新能力。

张慧雪

2024 年 12 月

目录

第一章　引言

第一节　问题提出与研究意义

一、选题背景

（一）现实背景

在全球化市场竞争日趋激烈的今天，越来越多的国家意识到创新的重要性，将创新发展提升到国家战略层面，举全国之力促进创新。从宏观的国家层面来看，创新能够使一国保持长期的竞争优势，在国际发展中处于领先地位。近几年中国对创新活动十分重视且投入较大。根据中国国家统计局公布的 2020 年《科技活动基本情况》中的科学研究与试验发展投入情况，2015 年我国的 R&D 经费支出为 14 169.9 亿元，2020 年为 24 393.1 亿元，五年间增长了 72% 左右。2015 年研发支出与国内生产总值之比为 2.07%，2020 年该比值为 2.40%。由此可以看出该五年研发支出的绝对比率和相对比率均呈现快速增长态势。从中观的行业层面来看，创新能决定一个行业的兴衰，影响着一个行业的演进与发展。当今人工智能行业的崛起正体现了科技创新的重要性。从微观的企业层面分析，创新更影响着一个企业能否形成比较优势、产生超额利润。拥有创新意味着企业的产品更有竞争力，能占领更大的市场份额，在激烈的竞争中脱颖而出（Koch et al.，2021）。

创新是一项长期而持久的活动，研发周期长，投入资金大，不确定性程度高，大多新创企业都面临着严重的融资约束问题（Dasgupta et al.，2019）。为了缓解企业融资约束，支持企业创新，风险资本应运而生，为推动创新创业起到了显著的积极作用，甚至成为创新创业不可或缺的资源

（付雷鸣 等，2012；周伶 等，2014；Brander et al.，2015）。2023 年全球创业投资总额为 3 190 亿美元，回到了新冠疫情前的投资水平。标普全球数据显示，2023 年全球私募股权和风险投资对中国大陆的投资为 688 亿美元，中国已经成为世界第二大风险投资市场，风险投资的发展得益于本土风险资本的迅速崛起。

然而，由于创新创业企业普遍存在的高不确定性、高失败率和高信息不对称问题，以及风险投资收益的高有偏性，独立风险资本的投资经常向后期阶段偏移，对高科技行业和企业早期阶段往往投资不足（Bettignies D and Etienne J，2008）。为了增加早期风险资本供给，世界各国政府颁布多种政策鼓励社会资本参与风险投资，甚至政府直接出资设立国有风险投资公司（杨敏利 等，2015；赵维久，2016）。例如，美国于 1958 年提出的小企业投资公司，就是政府出资成立创业投资基金，为小企业投资公司提供融资担保，吸引社会资金参与小企业的投资的公司（张慧雪，2018）。又如欧洲的投资基金，该基金成立于 1994 年，主要采用母基金的投资方式，通过风险投资机构为企业提供整个生命周期的股权和债权融资。

我国政府也积极采取各种措施，包括多种投资和组织方式，发展国有风险资本参与早期创新企业投资，优化社会资本参与风险投资生态环境，缓解创新创业企业早期阶段融资约束问题（Lins et al.，2017；马宁 等，2018；Pierrakis and Saridakis，2019；丛菲菲和张强，2019）。我国在 1985 年成立的第一家风险投资公司就是国有风险投资公司。随后，在政府的大力倡导和支持下，从中央到地方都成立了国有风险投资公司。

早期的国有风险投资公司组织形式为公司制，由政府或国有企业出资，设立以风险投资为主营业务的投资公司。但是国有风险投资公司在运作过程中经常出现寻租问题（余琰 等，2014；吴世飞，2016；Chordia et al.，2018），导致投资效率低下。因此从 2002 年起，我国开始设立政府引导基金，政府作为母基金间接参与风险投资，试图规避直接投资的缺陷（Harris et al.，2018）。其中，政府直接出资设立引导基金，引导基金再以有限合伙人身份投资子基金，以子基金作为主体进行风险投资。子基金的资金池来源包括三部分，分别为国有的引导基金、受委托管理机构的资本和其他合伙人资本。

政府设立引导基金的宗旨是发挥杠杆作用，引导社会资金投向国家重点行业和企业早期阶段，发挥市场无法实现的政策性引导作用，进而促进企业创新。政府引导基金是将政府的"有形之手"与市场的"无形之手"结合使用，最终实现促进企业创新的目标。投中研究报告显示，截至 2023 年第三季度末，我国各级政府共成立 1 557 只政府引导基金，自身规模累计达 29 893 亿元。如此大规模政府引导基金的设立能否规避国有风险投资公司的缺陷，进而引导企业创新？如果能，那么如何更好通过政府引导基金促进企业创新？如果不能，那么是政府引导基金从顶层设计就存在缺陷，还是在执行过程环节出现了操作层面的问题？这些问题都值得我们深入研究。

（二）理论背景

创新带动经济增长的观点在理论界已得到一致认可。提出该观点的第一人是熊彼特（Schumpeter，1934）。其后索罗于 1956 年也发现了创新与经济发展的关系，证明了创新活动是经济增长的主要动力（Solow，1956）。而后波特在 1990 年也强调了创新的重要性。根据外部性理论，创新活动能够产生知识外溢，也就是正的外部性，因此国家大力提倡创新活动的开展。创新活动是一项正外部性很强的活动，一项创新成果产生之后很容易被复制，类似于公共产品，即使有专利和产权保护还是会给其他公司提供大量信息以使其进一步研发创新。因此，原始创新者只是从创新成果中获得微小的一部分，大部分成果由社会共享。从理性经济人角度分析，企业缺乏创新动机（李强，2016）。除了创新动机，企业也缺乏创新能力。创新活动的要素中最重要的就是资金。因为创新活动的研发周期长，投入资金大，但是初创期的高新技术企业通常固定资产比例较低，缺少可以抵押的资产，难以从银行等传统金融机构获得贷款（He and Tian，2018），导致大多数高新技术企业面临严重的融资约束问题，最终阻碍它们从事创新活动（肖文和薛天航，2019）。解维敏和方红星（2011）的研究表明，融资约束问题是制约中国企业研发投入的重要原因，金融体制改革也没能缓解该问题。

正因为难以从传统的金融机构获得贷款，大量企业开始引入风险资本，风险资本在企业的创新过程中发挥着重要作用（Kortum and Lerner，2000）。然而，调查表明独立风险资本投向存在两个重要不足：一是较少进行企业的早期阶段投资，更多进行后期阶段投资和并购投资；二是投资高新技术产业比例低。主要原因是早期阶段企业信息不对称程度高、高新技术企业不确定性程度高（Yang and Zeng，2019）。而独立风险资本的首要目标是盈利，因此它们倾向于投资成长期、成熟期尤其是 IPO 前的企业，但通过企业成功 IPO 快速获利，市场可能产生风险投资市场的市场失灵（黄福广和李西文，2009；许昊 等，2016）。种子期和成长早期通常被认为是企业创新性较强的阶段（Solow and Robert，1957），高新技术产业被认为是促进一国创新发展的重要推动力量（Tian and Wang，2014），对上述项目的投资必然会影响一国的企业创新活动。为解决上述问题，国有风险资本随之产生（Bertoni and Tykvová，2015）。

根据政府干预理论，国有资本参与风险投资属于政府干预市场的行为（左志刚，2011）。关于政府是否应该干预市场存在两种对立的观点，即"互补观"与"替代观"。"互补观"认为政府的干预和市场的竞争二者是相互促进的。与此相反，"替代观"认为市场竞争会弱化政府干预机制的作用，产生负向的调节作用。

具体分析国有风险资本在中国竞争市场上的干预行为。国有风险资本一般包括政府设立的国有风险投资公司直接投资和以母基金形式成立的政府引导基金间接投资（Brander et al.，2015）。国有风险投资公司设立的时间较早，相关研究较多。但研究表明由于国有风险投资公司直接参与风险投资，高级管理人员由国资委或各级政府任命，具有一定的政府背景，在投资行为上偏保守（左志刚 等，2017）。而且他们一般具有政府部门或有关的工作经历，拥有更多的政治资源和社会资源，具有寻租的风险，更容易通过政府资源获得收益，缺乏通过承担风险获得收益的动机（余琰 等，2014）。此外，国有风险投资的公司高管通常缺乏必要的市场磨炼和必要的投资管理经验及科技企业投资经验，风险识别能力不足，导致一定程度的风险规避（黄福广 等，2021）。

为规避国有风险资本直接投资的缺陷，我国于 2002 年开始引入引导基金模式。政府引导基金聘用风险投资机构进行管理，避免了国有风险投资公司人力资本不足、寻租等行为，政府与风险投资机构按照合同享受权利并承担义务，这也是我国由"强政府"与"弱市场"关系向"强政府"与"强市场"关系的转变（程承坪和朱明达，2019）。程聪慧和王斯亮（2018）以新三板获得政府引导基金投资保障的 50 家创业企业为样本，研究发现相比于未受到政府引导基金资助的企业，受政府引导基金资助的企业创新产出更多。但是王晗等（2018）使用零膨胀负二项分布模型实证检验了政府引导基金能否促进企业创新，结果发现整体上政府引导基金对企业创新的影响与私人创投基金不存在显著性差异。因此，政府引导基金能否解决市场失灵进而促进企业创新在现有研究结论中不一致。

同时，政府引导基金的显著特点之一在于市场化运作，即委托外部风险投资机构进行管理。因此，政府引导基金投资效率的高低很大程度上取决于委托的外部风险投资机构。从资源禀赋论角度分析，不同类型的风险投资机构所具备的促进企业创新的资源禀赋不同（Leleux and Surlemont，2003；Standaer and Manigart，2017），因此政府引导基金到底委托哪种类型的风险投资机构更容易促进企业创新值得探讨。

二、研究问题

本书基于风险投资机构异质性视角，分析政府引导基金是否促进了企业创新，实际上是围绕风险投资机构异质性对政府引导基金与企业创新关系的影响机制问题展开。根据前人研究文献并结合政府引导基金自身运作特点，将风险投资机构异质性分为三个维度，分别是风险投资机构是否为国有、风险投资机构声誉高低、风险投资机构是否从事专业化投资。

（一）政府引导基金对企业创新的影响

关于政府引导基金对企业创新的影响，国内外学者们展开了大量研究，得出的结论不一致。积极结论发现政府引导基金能够通过解决市场失灵，引导社会资本投向高科技行业、企业早期阶段，提高企业就业率等（Leleux and Surlemont，2003；Del-Palacio et al.，2012；Kovner and Lerner，2015；Brander et al.，2015；Guerini and Quas，2016；Bertoni et al.，2019）。但是消极结论发现政府引导基金只是社会资本的一种替代，甚至由于较少追求经济收益对社会资本产生了"挤出效应"（Armour and Cumming，2006；Cumming and MacIntosh，2007；Brander et al.，2010）。因此，在引导企业创新的过程中，政府能否规避寻租行为，发挥社会效益，使政府引导基金真正起到促进企业创新的作用存在争议。

在详细分析前人文献的基础上，本书采用新三板挂牌企业为样本，在控制企业财务特征和公司治理特征后通过多元线性回归检验政府引导基金对企业创新投入和创新产出的作用。

（二）风险投资机构产权性质对引导基金与企业创新关系的影响

政府引导基金参股风险投资基金，本质上是公私合营的一种形式。在公私合营过程中，政府与社会资本目标不一致，政府进行政策性引导，目的是促进创新创业，如投向创业企业的种子期、起步期等早期阶段（陈旭东和刘畅，2017）。而社会资本通常以财务收益最大化为首要目标（Gompers，1996），更倾向于投资成熟期尤其是IPO前的企业（沈维涛 等，2013；张学勇和张叶青，2016）。因此对受委托的风险投资机构而言，二者产生了代理冲突（Jensen and Meckling，1976）。又根据资源禀赋论分析（Standaert and Manigart，2017），不同类型的风险投资机构对被投资企业的创新支持存在资源禀赋的异质性。因此政府引导基金委托何种类型的风险投资机构进行管理，进而能更好地提高企业创新，是本书研究的重点问题。

根据风险投资机构的产权性质不同，将其划分为国有风险投资机构和非国有风险投资机构。一方面，政府引导基金与国有风险投资机构的股东都有政府背景，二者结合可以减少由于目标不一致产生的代理冲突（Jensen and Meckling，1976）；另一方面，国有风险投资机构容易产生私人利益行为，包括风险规避行为和寻租行为等（左志刚 等，2017）。

（三）风险投资机构声誉对引导基金与企业创新关系的影响

声誉是风险投资机构的显著特征，在风险投资过程中发挥着重要作用。风险投资机构声誉形成于长期的市场交易和反复博弈中，是风险投资机构能力的体现和长期发展的结果（Hsu，2004）。风险投资机构的历史业绩越好，声誉越高（金雪军和赵治辉，2014）。声誉还具有正反馈效应，声誉越高，投资筛选越专业，管理经验越丰富，社会资源越广泛，获利能力也越强（Gompers，1996）。高声誉的风险投资机构在募集、投资、管理和退出等方面，均优于低声誉的风险投资机构（叶小杰和王怀芳，2016）。

政府引导基金的运作特点是委托风险投资机构进行后续管理，因此管理机构的声誉越高，越有利于政府引导基金政策目标的实现。比如声誉高，后续资本跟投的可能性大，能够缓解企业的融资约束，补充企业创新所需要的资金，更有利于促进企业创新（黄福广 等，2021）。反之，声誉低的风险投资机构对后续风险资本的吸引力较弱，不利于与政府引导基金的合作。

（四）风险投资机构专业化对引导基金与企业创新的影响

高科技企业和企业早期阶段存在严重的信息不对称，而且中国的资本市场仍不成熟，导致独立风险投资机构偏好投资企业中后期阶段（施国平 等，2016；Cumming and Zhang，2016）。但是只有投资更多早期企业和高科技企业，才能为后期的独立风险资本提供更多投资标的。因此政府设置引导基金的目的就是投资企业早期阶段，促进企业创新。

风险投资策略主要包括分阶段投资、专业化投资和联合投资等（胡刘芬和沈维涛，2014；傅嘉成和宋砚秋，2016）。其中专业化投资包括早期阶段专业化投资，是指风险投资机构偏好投资企业的种子期和成长早期。投资早期阶段的风险投资机构的投资能力更强，偏好通过高风险获得高收益。许昊等（2015）研究表明，与PE相比，VC更能促进企业IPO前的创新投入。因为VC进入的时间较早，对企业监管力度和研发促进力度较大，是促进企业创新的有效投资者。与之相反，PE在企业较成熟的阶段进入企业，对企业监管和支持力度均较小，导致未能促进企业创新。因此，若政府引导基金为实现投资企业早期阶段的目标，它们的选择投资策略为企业早期阶段的风险投资，更有利于其政策目标的实现。

三、研究意义

（一）理论意义

第一，拓宽了政府引导基金的理论研究框架。以外部性理论、市场失灵理论、委托代理理论和激励理论为基础，已有研究发现并实证检验了政府引导基金对企业创新产出的促进作用（施国平 等，2016；程聪慧和王斯亮，2018）。以往在研究政府引导基金采取何种激励措施促进企业创新时，要么从政府引导基金对风险投资机构的视角出发，要么从政府引导基金对被投资企业的视角出发（孟卫东 等，2010；董建卫 等，2018）。而本书从政府引导基金的运作机制出发，将政府引导基金、风险投资机构和被投资企业三者纳入一个研究框架，从风险投资机构视角研究政府引导基金促进企业创新的机制。

第二，丰富了资源禀赋论在风险投资领域的相关研究。Heckscher 和 Ohlin 于1919年提出资源禀赋是指一国或地区拥有劳动力、资本、土地、技术、管理等自然资源和社会资源的丰歉。之后部分学者将其应用到微观企业研究领域（李虹和邹庆，2018）。本书进一步拓展，将资源禀赋应用到风险投资领域，因为不同类型的风险投资机构所具备的促进企业创新的资源禀赋不同，所以探索政府引导基金委托何种类型的风险投资机构能更好地促进企业创新具有重要意义。

第三，拓展了风险资本专业化投资策略的相关研究。以往在研究风险资本专业化时，都是从风险投资机构视角入手，研究某一专业化投资策略实施的效果作用，或者专业化之间的协同效应（黄福广 等，2016）。而本书将风险资本专业化中的早期阶段专业化应用到政府引导基金的研究中，研究政府委托从事专业化投资的风险投资机构能否更好地促进企业创新。

（二）实践意义

第一，本书立足于中国背景进行研究，以中国的实践为基础，为政策制定者提供关于政府引导基金如何促进企业创新的政策建议，为后续政府资本如何更有效地参与风险投资提供实证证据。此外，政府引导基金是典型的母基金，本书的研究结论为后续诸如社保基金、高校基金等母基金如何参与风险投资提供相关启示。

第二，本书从风险投资机构异质性视角展开研究，为以后政府引导基金委托何种类型的风险投资机构进行管理提供相关的政策建议。同时深入企业层面挖掘政府引导基金的作用，为企业如何在政府的支持下更好地从事创新活动提供借鉴。而且根据企业的不同特征具体分类，细化了针对不同特征的企业，政府应该如何更好地引导其创新。

第三，本书以新三板挂牌企业为研究对象，研究结论能够为新三板的运行实践提供相关的实证证据。随着新三板企业在 2012 年的正式挂牌，学界对新三板的研究日益丰富（陈洪天和沈维涛，2016）。相比于上市的中小板和创业板，新三板企业数量多且成立时间短，融资约束程度高，对风险资本需求大。相比于未上市企业，新三板企业相关数据披露更加完整，所以新三板企业适合作为政府引导基金发挥作用的研究对象。

第二节　核心术语界定

一、政府引导基金

国外学术界关于政府引导基金的定义大致分三类，第一类以 Colombo 等为代表，他们认为有官方背景或政府扶持性质的基金即为政府引导基金（Colombo et al.，2016）。第二类以 Brander 等为代表，他们强调政府引导基金的混合性，认为政府引导基金是公共与私人的混合基金（Brander et al.，

2015）。第三类以 Cumming 为代表，他认为政府引导基金是指通过直接投资或者税收政策等帮助科技产业发展的项目（Cumming，2007）。通过以上政府引导基金的定义分析得知，学者们在研究时根据政府干预的程度或者基金的运作方式不同对其命名，但是无论何种命名方式，政府引导基金都是政府作为资本供给端对市场干预采取的手段。

根据国家发改委 2008 年公布的《关于创业投资引导基金规范设立与运作的指导意见》中"政府引导基金是由政府设立并按市场化方式运作的政策性基金，主要通过扶持创业投资企业发展，引导社会资金进入创业投资领域。引导基金本身不直接从事创业投资业务"，将本书所指的政府引导基金概括为：政府直接出资设立引导基金，引导基金再以有限合伙人身份投资于子基金，以子基金作为主体进行风险投资。子基金的资金池来源包括三部分，分别为国有的引导基金、受委托管理机构的资本和其他合伙人资本。设立引导基金的宗旨是发挥引导作用，即引导社会资本，增加早期风险资本的供给（邢恩泉，2014；Admati et al.，2018）。

政府引导基金具有多方面优势：第一，在资金募集时以政府的财政资金牵头，以吸收社会资金为主，减少财政支出，发挥杠杆作用，保证财政的可持续性（D Acunto et al.，2018；邓晓兰和孙长鹏，2019）。第二，在投资时以母子基金为平台，以间接投资为主，提高政府资金的使用效率。第三，在管理时委托第三方投资机构管理，提高市场化程度，同时也能保证人力资本的充足性（李严 等，2012；刘一欧和黄静，2012）。政府引导基金的初衷就是在弥补市场失灵和增进社会福利的同时，吸引民间资本，促进创新创业（邓晓兰和孙长鹏，2019）。

二、企业创新

熊彼特最早提出了"创新"的概念，他认为创新是"建立一种新的生产函数，将从来没有出现过的关于生产要素和生产条件的新组合引入生产系统"（Schumpeter，1934）。因此，熊彼特界定的"创新"属于破坏式创新，不仅包括技术创新，还包括市场创新、管理创新和组织创新等。

在技术创新方面，Mansfield 认为与首次引进新产品直接有关的技术变动称为技术创新，因为技术创新仅仅指"产品创新"，包括设计、技术、生产、财务、管理和市场等诸多环节（Mansfield，1968）。傅家骥认为创新是"包括科技、组织、商业和金融等一系列活动的综合过程"（傅家骥，1998）。党印认为，创新是引入新观点、新事物或新方法，技术创新是引入新的生产技术或工艺，生产出新的产品，主要产生于企业的研发活动（党印，2012）。

本书结合上述观点，将创新主要界定为技术创新。并参考 Tian and Wang（2014）和 Acharya and Xu（2017）的研究，衡量创新投入使用企业研发费用支出，衡量创新产出使用专利申请数量，包括专利总数和发明专利数量。但是在大企业与小企业谁更能进行企业创新方面，学者们产生了分歧，熊彼特认为大企业在创新方面更具优势，尤其是在资源方面。但是 Jewkes、Acs 等却认为小企业更能进行企业创新，因为大企业容易产生冗余问题，而小企业的风险偏好强，有灵活性优势，即"船小好调头"。本书在 Jewkes 观点的假设基础上展开研究，认为现阶段在中国的创新市场上小企业发挥了更大的作用。因此样本选择的是新三板挂牌企业，大多为新成立的初创型科技企业。

三、风险投资机构异质性

风险投资机构指的是从事风险投资活动的机构，是风险投资活动的实施者，是风险投资基金的管理者，是风险投资循环中的主体。风险投资机构一般以有限责任公司形式存在。作为有限责任公司，和其他类型的公司一样，由出资人设立，管理团队进行经营管理，有完整的公司组织结构、股东大会和董事会等。风险投资机构也称为风险投资管理公司，简称为风险投资公司（黄福广，2017）。

风险投资管理公司设立后，从募集资金开始开展风险投资活动，即风险投资的"募投管退"过程。风险投资机构利用募集的资金成立风险投资基金，基金一般是合伙制企业形式，风险投资公司在基金中以普通合伙人的身份负责基金的管理，并占有相对基金投入较少的资金份额（Ivashina and Lerner，2019）。风险投资公司在基金募集中，吸收有限合伙人投入基金的大部分资金份额。有限合伙人不负责日常管理工作，但依据合伙人协议，可以参加合伙人大会，拥有参与基金重大事务决策的权利（黄福广，2017）。

风险投资机构按照不同标准可以划分为不同类型。

（一）产权性质异质性

根据风险投资机构的产权性质不同，张学勇和廖理（2011）把风险资本划分为政府、民营和外资三种形式，并研究了不同产权性质的风险投资背景对公司 IPO 的市场表现及其内在机理。根据资本背景，苟燕楠和董静（2014）将风险投资机构分为政府背景、外资背景、公司背景和民间资本背景，并研究了不同资本背景对企业技术创新的影响机制。根据资金来源和投资目标的不同，黄福广（2017）将风险投资基金分成明显不同的几种类型，分别是独立风险资本、公司风险资本、政府风险资本和银行风险资本，后三种风险资本统称为附属风险资本。独立风险资本与附属风险资本在投资目标和投资来源上有较大区别。独立风险资本的唯一目标就是投资人获利，附属风险资本通常在获利之外还有其他投资目标。例如政府风险资本除了经济收益，更注重社会收益，包括促进社会创新、活跃经济发展，公司风险资本有为公司提供创新试验产品的目标等（Manso，2016；Pedersen，2019）。Standaert and Manigart（2017）根据管理风险资本的类型、目标异质性和资源禀赋不同，把风险投资机构分为独立风险投资机构、政府风险投资机构和公司风险投资机构（此处的公司风险投资机构包括银行风险投资机构）。本书综合上述观点，将风险投资机构划分为国有风险投资机构和非国有风险投资机构。

（二）声誉异质性

根据风险投资机构声誉的不同可将其划分为高声誉风险投资机构和低声誉风险投资机构。Gompers 于 1996 年提出了"逐名效应"，自此风险投资机构声誉引起广泛关注。Jackson（2004）将风险投资机构声誉看作一项无形资产，这种无形资产不易于其他企业模仿。Hsu（2004）对风险投资机构声誉的定义是风险投资机构与其他市场主体在长期的交易和博弈中形成的，是风险投资机构核心竞争力的具体表现。高声誉的风险投资机构能够在资本市场上缓解信息不对称。关于风险投资机构声誉的测量，Nahata（2008）提出使用风险投资机构以往的 IPO 市场份额来衡量。此后，Krishnan 等人（2011）借鉴并改进了该种度量方法，研究了风险投资机构声誉与 IPO 企业长期业绩以及公司治理的关系。杨敏利等（2017）在研究引导基金参股对创投机构后续募资的影响时，风险投资机构声誉的高低使用的是清科集团公布的年度"中国创业投资机构 50 强"代表高声誉风险投资机构，其余为低声誉风险投资机构。本书综合上述研究，用风险投资机构的排名、经营年限和管理资金规模衡量风险投资机构的声誉高低。

（三）专业化投资异质性

风险投资机构投资存在一定的投资策略，投资策略通常包括联合投资、分阶段投资和专业化投资等（叶小杰和沈维涛，2013）。其中专业化投资包括行业专业化投资、阶段专业化投资和地域专业化投资（苟燕楠和董静，2013）。长期从事专业化投资的风险投资机构，因为一直专注于某个特定的行业、阶段和地域，积累了专业化的知识和经验，形成了自己独特的竞争优势，提高了风险投资机构筛选和增值服务的能力（Patzelt H et al.，2009；黄福广等，2016）。投资策略中的阶段专业化是指风险资本专注于投资企业发展过程中的某一个特定阶段，比如企业的种子期或成长早期等。因为风险资本行业很重视经验的积累，所以从事阶段专业化的风险资本由于长期投资某个特定阶段，积累了该特定阶段的相关经验，容易得到该阶段关于如何投资和增值服务的能力（黄福广等，2016）。本书综合上述研究，将风险投资机构从事企业早期阶段投资定义为早期阶段专业化投资策略，用风险投资机构只从事企业的早期阶段投资来衡量。

第三节　研究内容和创新点

一、研究内容与框架

（一）研究内容

本书基于风险投资机构异质性视角，分析政府引导基金是否促进了企业创新，实际上是围绕风险投资机构对政府引导基金与企业创新关系的影响机制展开。具体研究理论模型见图 1-1。在本章第二节核心术语界定中，涉及了风险投资机构异质性对政府引导基金与企业创新关系的三个重要维度——风险投资机构产权性质、风险投资机构声誉、风险投资机构专业化投资策略。

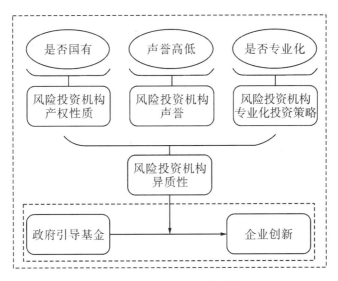

图 1-1　研究的基本理论模型

　　第一章为引言。主要依据我国政府引导基金发展的实践背景和理论背景，提出本书的研究问题，并对研究中用到的几个重要概念进行界定。进而根据本书整体研究的逻辑思路，阐述如何对相关内容展开研究，利用何种具体的研究方法和技术路线。从现有理论出发分析存在的矛盾冲突，根据本书核心观点分析如何解决理论问题，并提出本书研究的创新之处。

　　第二章为文献综述。首先，基于外部性理论、市场失灵理论、政府干预理论、委托代理理论和资源禀赋理论叙述本书研究的理论基础。接着从风险资本对企业创新的促进作用和抑制作用两方面进行文献回顾。而后从政府引导基金对宏观资本市场的影响、对中观风险投资机构的影响以及对微观被投资企业的影响这三个方面对文献进行梳理，并对相关领域已有研究存在的缺陷和不足加以评论。该部分内容是为后续发现理论问题、突出文本创新点和提出研究假设作铺垫。

　　第三章重点阐述了政府引导基金的发展现状及存在问题。因为政府引导基金是近几年我国政府风险资本支持企业创新的新方式，因此有必要对其相关的发展历程进行梳理，包括政府引导基金的设立目标、发展阶段、运作模式、颁布的相关政策文件等。同时，为了进一步深入分析现阶段我国政府引导基金存在的问题，对国外现存的政府引导基金运作模式进行了概括和总结，以期为我国的政府引导基金运作提供相关的政策建议。

第四章研究了政府引导基金对企业创新的影响。政府引导基金的设立目标就是发挥政策性作用，实现社会收益，即提高企业的创新能力。那么对政府引导基金的成立能否规避国有风险投资公司的寻租行为，实现其政策目标，第四章进行了实证检验。样本使用的是新三板挂牌企业，新三板挂牌企业数量多，对风险资本需求大，因此有利于对该问题的研究。同时，在进一步分析中，根据标的企业的特点进行具体分类，包括政府引导基金对规模小的企业是否引导作用更大，对新三板创新层的企业是否促进作用更强，对国有企业的促进作用是否更突出，为提高政府引导基金的设立效果给出实证层面的证据。

第五章研究风险投资机构的产权性质如何影响政府引导基金对企业创新的作用。政府引导基金的目标是支持企业创新，而不同产权性质的风险投资机构的资源禀赋不同。具体来说，国有风险投资机构因为与政府引导基金同时具备国有背景，减少了二者之间的目标冲突，对失败容忍度都较高，能更好地促进企业创新目标的实现。但国有风险投资机构容易产生寻租行为和风险规避行为，降低企业的创新效率（肖文和林高榜，2014）。因此，政府引导基金委托何种类型的风险投资机构更有助于其创新目标的实现需要通过实证检验。

第六章研究风险投资机构的声誉如何影响政府引导基金对企业创新的作用。风险投资机构的声誉是其能力的体现，对风险投资机构的影响至关重要，在风险投资募投管退的整个活动循环中都发挥着不可替代的作用。Gompers（1996）认为，高声誉的风险投资机构更有利于其后续的募资、投资和绩效的提升。因此，当政府引导基金委托高声誉风险投资机构时，可以起到良好的认证作用，有利于后续机构的跟投，更好地缓解企业的融资约束进而促进企业创新。同时也有助于其对企业的监督和管理，进而促进企业创新活动的顺利开展。

第七章研究风险投资机构的专业化投资如何影响政府引导基金对企业创新的作用。对于风险投资机构的早期阶段专业化投资策略，因为政府引导基金的目标是提高企业早期阶段的投资比例，孵化早期创新企业。从事早期阶段专业化的风险投资机构有更丰富的相关经验，这在风险投资领域经验至关重要。因此从理论上分析，政府引导基金委托从事早期阶段专业化的风险投资机构进行管理更容易实现政策目标，促进企业创新。

第八章是研究结论与建议。在第四章至第七章的实证分析基础上，根据研究结果，从政府引导基金对企业创新的影响以及风险投资机构异质性如何改变该种影响阐述本书的主要结论和研究启示。接着指出论文研究局限，展望未来可能的研究方向。最后，根据本书的研究结论对我国政府引导基金如何更好地促进企业创新提出政策建议。

（二）研究框架

依据本书的研究问题、研究思路和研究内容，绘制本书的研究框架图，如图1-2所示。主要包括提出问题、理论分析、实证分析和研究结论四部分。

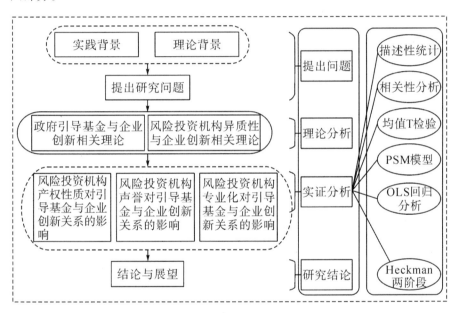

图1-2　研究框架图

首先本书根据研究中的实践背景和理论背景，提出本书的主要研究问题，包括政府引导基金对企业创新的影响，风险投资机构产权性质、声誉高低和专业化投资策略对政府引导基金与企业创新关系的影响。

其次通过文献收集、理论推演、归纳分析的方法整理并评论相关文献，发现现有研究的缺陷和不足之处，分析并总结本书的理论逻辑。

再次根据理论分析提出的研究假设进行相关的实证研究。具体为根据理论逻辑提出相关的研究假设，说明研究样本和数据来源，定义相关的研究变量并建立对应的回归模型。

最后利用多元回归和对比分析等手段完成研究目标和研究内容，得出相应的研究结论。分析本书研究的不足以及对未来进一步的研究拓展进行展望，同时为政府引导基金如何引导企业创新提出建议。

二、研究方法

（一）理论分析法

理论分析法是从普遍的原理或抽象概念开始，通过分析事物的内在逻辑，推断出结论的过程。本书深入分析了政府引导基金对企业创新的作用机理，再分析风险投资机构异质性对企业创新的作用机理。根据政府引导基金的政策目标，证明风险投资机构异质性对政府引导基金与企业创新关系的影响，提出对应的研究假设。本书采用归纳演绎方法，利用逻辑推演分析风险投资机构异质性包括产权性质、风险投资机构声誉和风险投资机构专业化对政府引导基金与企业创新关系影响的路径和机理，对研究的主体逻辑进行理论分析。

（二）比较分析法

本书采用对分样本进行对比分析的方法，直接展示政府引导基金对企业创新投入和创新产出的影响。首先，将研究样本按照企业是否有政府引导基金投资分成两组，然后将两组企业的特征，主要包括企业财务特征、公司治理特征、年份和行业等进行匹配，使两组企业除了是否获得政府引导基金投资不同，其他特征都非常接近，在此基础上再对比两组企业创新投入和创新产出是否具有显著性差异。

（三）多元回归分析法

企业创新投入和创新产出会受到诸多因素的影响，包括企业财务特征、公司治理特征、年度和行业等。通过多元回归分析可以控制其他因素的影响，更清晰地看出政府引导基金与企业创新投入和创新产出的关系。并在此基础上，进一步检验风险投资机构异质性对政府引导基金与企业创新关系的影响。本书在第四章、第五章、第六章和第七章主要使用普通最小二乘法回归模型（OLS），在内生性问题和稳健性处理中使用倾向得分匹配法（PSM）和 Heckman 两阶段回归法。在进一步分析机理或影响因素时，会采用调节效应模型和分组回归检验。

三、研究创新

第一，从政府引导基金的视角验证了政府市场化手段的积极作用。本书的研究对象政府引导基金是将政府的"有形之手"与市场的"无形之手"相结合，有利于深化对政府与市场关系的认识，为政府如何有效参与市场提供了实证证据。

第二，从风险投资机构异质性视角揭示了政府引导基金促进企业创新的内在机制。政府引导基金的运作模式是委托外部风险投资机构进行市场化运作，现有文献关于政府引导基金的研究主要集中在政府引导基金对风险投资机构行为的影响以及政府引导基金对企业创新行为的影响这两方面。本书将政府引导基金、风险投资机构和被投资企业三者纳入统一分析，完善政府引导基金的研究框架，有利于从政府引导基金设立的根本目的上加深其对企业行为影响的认识。

第三，从资源禀赋论角度解释了风险投资机构参与政府引导基金管理对企业创新行为的影响。已有文献关于政府引导基金对企业行为的影响研究，分别从良性循环、信号传递、激励效应等几方面予以解释。考虑资源禀赋，既符合风险投资机构特点，也能更好地分析政府引导基金委托不同类型的风险投资机构对企业创新行为的差异性影响。

第二章　文献综述

第一节　相关理论基础

一、外部性理论

马歇尔（Marshall）首先在《经济学原理》中提出了外部经济和内部经济，该表述为外部性理论的产生提供了思想源泉。受该思想的启发，庇古（Pigou）在 20 世纪初提出，外部性理论是指经济主体的经济活动对他人和社会造成的非市场化影响，该影响包括对个人或社会产生收益或造成损失，据此外部性可以划分为正外部性和负外部性。正外部性也就是说除了从事这一行为的企业或个人的其他人也能获得益处，正因为有了正外部性，政府才经常向那些投资于污染控制设备的企业或安装太阳能设备的个人提供津贴。因为降低污染和温室气体排放的大多数好处都归于我们所有人，而不是由投资这个项目的企业独享。在理性经济人的假设下，如果出现正的经济外部性，那么经济主体成本大于收益，利益受到损失，使得社会不需要付出任何代价即可获得收益（勒纳，2012）。如果社会不给予经济主体补偿，那么理性经济人则会拒绝正外部性项目的实施。庇古找到了税收和津贴的办法，至此外部性理论从问题到概念再到解决问题的理论逻辑就构建起来了。

企业创新活动就是一项正外部性很强的经济活动（Brander et al., 2010）。企业从事创新研发活动投入巨大，面临极高的研发失败风险，即使研发成功也面临迅速被模仿的风险，导致个人成本大于社会成本。但是，高新技术成果的成功研发会促进社会进步和经济增长（李昶 等，2015）。创新企业通过成功将其转化为新技术而获得超额收益，然而这些创新成果快速被模仿而导致超额收益消失，使得个人收益小于社会收益（Kumar and Li，2016）。所以综合来看，创新活动的个人成本大于社会成本，但个人收益小于社会收益，产生了正的外部性。

二、市场失灵理论

市场失灵理论的产生是由十九世纪末杰文斯、门格尔和瓦尔拉斯的边际革命引起的，之后张伯伦和萨缪尔森等学者进行了相关的完善和拓展。市场失灵指的是市场的不完善或者不均衡导致的市场机制无法正常发挥作用，对资源的配置无法达到"帕累托最优"，使得资源配置无效。

投资于创新企业发展早期的风险资本市场存在着市场失灵问题（黄福广和李西文，2009）。风险资本的首要目标是追求经济收益，也就是通过投资创业企业使其获得成功上市而享受较高的价值增值收益。因此他们偏好投资成长期甚至上市前（IPO）的企业，这些企业成功上市的可能性大，获得收益的速度快（金永红 等，2016；Braun et al.，2017）。而处于企业成长早期（包括种子期和初创期）的企业信息不对称程度高，风险大且不确定性程度高，很难获得风险资本的青睐，导致创业企业存在严重的融资缺口（Bernstein et al.，2017）。不仅投资阶段存在市场失灵，投资行业和地区也存在严重的市场失灵。在投资行业方面，风险资本集中于投资发展迅速的高科技行业，如计算机行业，而对于国民经济至关重要的比如医药行业的投资比重相对较低。对于投资地区而言，在中国，风险资本在地区上存在严重的不均衡和聚集现象，对偏远落后地区投资较少，而且风险资本存在"本地偏好"投资策略（黄福广 等，2014）。而要想实现各地区均衡发展，风险资本势必要存在一定程度的倾斜（涂红和刘月，2014）。

三、政府干预理论

市场上的自由配置有时会导致资源配置的低效率，降低总体均衡水平，此时政府的干预成为必然。首先，政府的干预可以营造一种良性循环（勒纳，2012），因此政府应该充当先驱者的角色，待创业行业发展成熟后，再转入监管者的角色。其次，政府可以起到认证效应，创业企业的信息不对称问题极其严重，大部分投资者都不愿冒险参与投资，如果有政府率先进入企业，意味着该企业相比其他企业有更强的竞争力，因此能够带动其他投资者跟进投资（Bhattacharya et al.，2017）。最后，政府还能够起到知识创造的作用。因为在与大企业竞争的时候，小企业可能很难有效地保护自己的知识产权或最大限度利用自己的创新收益。在这种情况下，政府对小企业的帮扶是有必要的（Cumming et al.，2016）。

政府的干预有多种形式。从直接干预和间接干预角度进行划分，直接干预包括政府补贴、减少税收等优惠政策，间接干预包括本书的研究对象政府引导基金（杨大楷和李丹丹，2012；Cumming et al.，2017）。从供给端和需求端的角度进行划分，供给端包括政府风险资金的设立和政府补贴项目的成立。从需求端包括降低税率刺激新项目的成立、完善法律制度以更好地保护专利权等，以此激发社会上创新创业活动的开展（张东生和刘健钧，2000；Faccio and Xu，2018）。Erlich Yigal 作为以色列的风险投资之父，他认为政府在推进和引导风险投资行业发展的过程中起到了重要作用，但应该以间接的方式参与。中国风险投资创始人成思危也有类似观点。他认为中国政府在支持风险投资时应该重视设计制度，发挥引导协调作用，为风险投资创造良好的环境。比如，为了更好地发挥引导作用，政府可以设立引导基金，向企业早期阶段进行投资，解决企业的融资缺口，对社会资金产生示范作用，带动社会资金的跟进。

四、信息不对称理论

信息不对称理论由约瑟夫·斯蒂格利茨、乔治·阿克尔洛夫和迈克尔·斯彭斯提出，是指在经济活动中，各类人员对信息的掌握程度不一致。信息掌握充分的一方处于优势地位，而信息掌握较少的一方处于劣势地位。信息不对称产生的问题主要包括道德风险和逆向选择，二者的区别在于前者是事后的信息不对称即偷懒行为，而后者是事前的信息不对称（吴斌等，2012）。信息不对称在现实经济活动中广泛存在，极大地降低了经济运行效率（谈毅，2002）。

风险投资活动存在严重的信息不对称问题（Pender，2010）。在资金募集时投资者对基金管理者存在信息不对称，他们对基金管理者的评价只能基于外在指标，包括投资项目成功 IPO 数目、管理机构成立时间等进行判断，因此存在一定的逆向选择问题。当基金委托管理后，至于基金管理人多大程度上努力工作也是无法完全观测的，因此存在严重的道德风险问题。此外，当基金投入企业后，由于对创业企业的了解程度不够，即信息不对称程度高，风险投资基金与创业企业同样存在着道德风险和逆向选择问题。

风险投资活动中的信息不对称问题会导致风险资本的投资动力不足，造成资本与企业之间的融资缺口（Piacentino，2019）。也就是，想获得基金的企业融不到资、想投资的基金找不到企业，而政府引导基金的出现在某种程度上可以缓解上述问题。一方面，政府引导基金作为政策性基金，可以先于其他普通基金了解国家的发展动态和方向，引导基金投向市场前景好、发展潜力大的企业。另一方面，政府引导基金在与社会资本合作的过程中，可以优先承担风险，打消社会投资者的担忧，引导社会资金投向风险高、发展前景好的企业。

五、委托代理理论

代理权问题来源于企业所有权和经营权的二者分离，Berfe 和 Means 最早提出了公司所有权和经营权的分离观点。Jensen 和 Meckling 在 1976 年首次将代理理论引入金融学领域，并将其定义为一种契约关系，即委托人雇佣代理人并授予其一定的决策权，代理人根据委托人的意愿从事活动。根据理性人假设，委托人和代理人的利益不完全一致。通常情况下代理人更多地关注自己在任期间的企业绩效和自己的薪酬水平，较少追求企业的长期发展，与公司的目标很难达成一致（李尧和张本照，2013；李显君，2018）。当个人利益和公司利益产生冲突时，会优先考虑个人利益，因此委托人必须加以监管，由此会产生代理成本，降低企业价值（Gilje and Taillard，2017；Bolton et al.，2019）。

在政府引导基金的投资过程中，存在双重委托代理问题。在筹资过程中，政府资本是委托人，风险投资机构是代理人，政府与风险投资机构之间存在委托代理关系（陈时兴，2012）。在投资过程中，委托人是风险投资基金，代理人是创业者，创业者能否按照委托人的意愿行事也存在一定问题。因为创业者通常对自己充满信心，愿意从事高风险的项目，得到资金后往往会过度自信，最终导致项目失败，产生较高的代理成本（Atmaz et al.，2018；彭涛 等，2018）。

六、资源禀赋理论

Heckscher 和 Ohlin 于 1919 年提出，资源禀赋是指一国或地区拥有劳动力、资本、土地、技术、管理等自然资源和社会资源的丰歉。之后，部分学者将其应用到微观企业研究领域，将企业看作一系列生产资源的集合，将企业成长看作一个使用上述资源去开发企业生产机会的过程（李虹和邹庆，2018）。资源禀赋论强调资源对公司成长和业绩的重要性，这些资源包括财务资源、人力资源、技术资源、组织资源等。企业核心竞争力的重要来源是不可替代的资源。

本书进一步拓展，将资源禀赋应用到风险投资领域，不同类型的风险投资机构所具备的促进企业创新的资源禀赋不同（Leleux and Surlemont，2003；Manigart and Wright，2013）。具体来说，国有风险投资机构与政府引导基金同时具备国有背景，能减少代理冲突。而且对企业创新的失败容忍度高，能更好地促进企业创新。高声誉风险投资机构发挥的认证功能强（杨敏利 等，2017），能够吸引后续资本的跟进，缓解企业融资约束，促进企业创新。从事早期阶段专业化投资策略的风险投资机构有较多的投资企业早期经验，更容易促进企业创新活动的成功开展（黄福广 等，2016）。

第二节　风险资本与企业创新的相关研究

新创企业在成立初始阶段由于存在严重的信息不对称问题，同时缺少可抵押物品，难以从银行等传统金融机构获得贷款，产生了严重的融资约束，阻碍了它们开展创新活动。风险投资机构的主营业务就是专门从事高风险高收益的投资活动。它们一般倾向于向创新性强的新创企业投资，通过提供资金解决企业的融资约束，同时又能给企业提供管理咨询等增值服务，进而推动企业成功上市。风险投资机构在企业上市后退出，从退出中获得收益（Block et al.，2014）。

现阶段国内外关于风险资本与企业关系的相关研究已经较为丰富，但是关于风险资本对企业创新的影响的现有结论不一致。积极观点认为风险资本能够解决企业融资约束、提供增值服务进而促进企业创新活动。消极观点则认为风险资本具有短视行为，但企业创新是一项长期活动，因此风险资本由于过分追求短期的经济收益则会抑制企业创新活动的开展。下面从积极观点和消极观点两方面对现有文献进行回顾。

一、风险资本对企业创新的促进作用

Kortum 和 Lerner（2000）首次检验了风险投资和企业创新产出之间的

关系，以美国 1965 年至 1992 年的制造业为样本，发现风险资本与企业的专利产出显著正相关。在排除相关内生性问题后，结论依然成立，而且行业的专利产出数量和风险投资活动高度相关。具体来看，一美元的风险投资和三美元的传统企业研发投入最终产生的创新效果等同。以美国硅谷的高新技术企业为研究对象，Hellman 和 Puri（2000）发现风险资本能极大地缩短投资标的产品的上市时间，对初创公司的产品市场战略和企业发展有较大的推动作用。

接着，学者们从风险资本的视角深入研究如何提高企业创新。Tian 和 Wang（2014）探究哪种特点的风险资本更有利于促进企业创新，发现对失败容忍度更高的风险资本支持的企业能产生更多的专利且专利的被引率更高。Chemmanur（2014）对比了独立风险资本和企业风险资本哪种更有利于企业创新，结果发现与独立风险资本支持的企业相比，企业风险资本支持的企业专利数量更多且被引率更高。原因是企业风险资本的母公司与新创企业的技术更匹配，同时企业风险资本对失败的容忍度比独立风险资本更高。风险资本的投资策略不同，对企业的创新影响也不同。苟燕楠和董静（2014）研究了风险投资背景对企业技术创新的影响，结果发现政府背景、公司背景和混合资本背景的风险资本与企业研发投入显著负相关，但风险投资机构经验与研发投入显著正相关。与此相类似，陈思等（2017）使用双重差分法研究了风险资本对企业创新的影响及其机制问题。结果发现风险投资的进入促进了企业专利数量的显著增长，即促进了企业创新。深入研究其中的机制发现，一是风险资本的进入扩大了企业的研发团队，二是为企业提供了行业经验和行业资源，从而促进了企业的创新活动，但是该论文关于企业创新的衡量使用的是专利申请数量，而没有使用研发支出来衡量，即只考虑了创新产出但没有考虑创新投入。

除了从风险资本特点开展研究，学者们也从企业创新的不同方面深入研究风险资本对企业创新的影响。Ferreira（2014）用理论模型研究了企业的公私产权性质对不同类型创新的影响。结果发现公有产权更有利于企业的渐进性创新，私有产权更有利于企业的开拓性创新。原因是私有产权企业的信息保密性更高，对失败的容忍度更高，能更大程度投入到长期的创新性工作中。与此相类似，Gao（2017）也发现，公有产权企业更容易做渐进性创新，而私有产权企业倾向于做探索性创新。解释机制与已有的知识有关，公有产权企业积累的已有知识较多，渐进性创新更容易。李梦雅和严太华（2020）使用我国创业板企业的数据作为研究对象，检验了风险资本对企业创新的影响。相比前人研究，他们进一步探索了其中的机制和创新效率问题，即在回答"是与否"问题的基础上进行了机制检验。研究发现风险资本能够通过行业溢出效应、减少企业不确定性、帮助企业参与市场竞争、缓解企业融资约束四个作用机制对企业创新产生积极影响。进一步发现风险资本能够通过提高企业创新效率进而提升企业的未来财务绩效，同时财务绩效的影响会因企业规模、市场竞争程度、所有制类型的不同而有所差异。

上述研究都是假定风险资本与企业创新的关系是线性关系。但是在实践中，风险资本的投资策略、投资金额、投资时间等特点不同，以及企业各自特征的不同，可能会导致二者呈现出非线性关系（Adrian er al.，2019）。例如，张春香（2019）基于风险资本供给与企业技术创新需求双边匹配视角的研究发现，风险投资金额与企业技术创新之间存在显著的倒"U"形关系。本书基于风险资本的存在性和参与性研究了其对企业创新的影响，发现风险资本和企业创新不是单纯的线性关系，而是与投资金额、地理距离等存在非线性关系。给我们的启示是，风险资本的参与要注重"度"的问题，不能过多也不能太少，找到最优匹配更有利于提高企业创新的效率。

二、风险资本对企业创新的抑制作用

风险资本对企业的创新也可能产生抑制作用。使用我国创业板企业为研究对象，沈丽萍（2015）探讨了风险资本对企业技术创新的影响，结果发现风险资本既不能为创新企业提供资源支持，也不能监督企业产生更多效益，即风险资本无法促进高新技术企业的技术创新。Mao et al.（2016）探索了风险投资中的阶段性投资对企业创新的影响，结果发现阶段性投资损害了企业的创新产出。原因是阶段性投资给企业带来了短期的绩效压力，企业放弃长期性的创新活动转而追求短期收益高的项目，即产生了短视行为。Dahaj 和 Cozzarin（2019）使用 26 个国家从 1998 年至 2013 年的风险资本数据，研究以下问题：从跨国投资的角度来看，本土政府资助的风险投资基金是扩大了还是缩减了本土的私人风险投资基金？政府资助的风险投资项目是吸引了还是挤出了国外的私人风险资本投资？结果表明混合结构在整体上的吸引效应要比单纯政府风险资本投资的大，其不仅吸引了本土的和国际的私人风险资本，同时还增加了整体的私人风险资本投资。与之相反，政府完全持股的风险资本比混合的政府风险资本更能挤出国外的私人风险资本，也就是产生了"挤出效应"。

第三节　政府引导基金的相关研究

为解决创新创业市场失灵问题，各国政府纷纷采取措施支持风险资本的设立，推进企业创新。但是关于政府引导基金能否实现其设立初衷，现有研究结论不一致。接下来从政府引导基金对宏观资本市场的影响、对中观风险投资机构的影响和对微观被投资企业的影响三方面对相关文献加以阐述。

一、政府引导基金对资本市场的影响

关于政府与市场的关系一直是学者们关注的重点话题。创新创业市场出现的市场失灵使得政府参与成为必要手段，但是政府如何参与才能解决市场失灵、进而改善市场效率呢？1985 年，公布的《中共中央关于科学技术体制改革的决定》，提出了可以通过设立创业投资的方式对高风险技术研发给予支持。早期国有风险资本的组织形式为公司制，即由各级政府或者国有企业出资，设立以风险投资为主营业务的投资公司，简称为国有投资公司。但是相关研究表明，这类公司容易产生寻租腐败等问题，而且国有风险投资公司的人力资本能力较弱，导致投资效率低下，所以国有风险投资公司的实践效果并不好（钱苹和张帏，2007）。进入 21 世纪后，我国引入了政府引导基金形式。政府引导基金以母基金的形式间接参与投资，使用市场化方式聘用外部风险投资机构进行管理，目的是引导创新创业。这也体现了我国由"强政府"与"弱市场"向"强政府"与"强市场"关系的转变（程承坪和朱明达，2019）。

在政府引导基金成立初期，相关的实践数据比较少，大部分研究都是基于宏观层面。学者们主要探讨了政府引导基金设立方式、运行模式、运作效果、绩效评价等方面内容。陈和（2006）认为政府引导基金在创业投资中不仅能够提供启动资金，而且可以提供信用担保。据统计，创业企业在种子期终结的概率超过了 70%，深入研究发现主要原因为资金短缺，因

此政府有必要为创业企业提供部分资金，帮助这些创业企业顺利度过种子期的资金瓶颈。但是，只靠政府提供的资金毕竟有限，因此政府可以为政策引导基金划拨信用担保额度，有利于创业企业的后续发展。因为政府提供信用担保便释放了积极信号，表明该企业较之同行业其他企业更具有竞争力。庞跃华和曾令华（2011）对国外三种有代表性的引导基金运作模式进行了详细分析，分别是美国的融资担保模式、以色列的参股模式和英国的复合支持模式，并在此基础上对我国的政府引导基金发展方向给出了建议。顾婧等（2015）使用直觉模糊层次法对创业投资引导基金的绩效给出了具体的评价方法，从政策效应、经济效应和管理效应三个维度构建了评价指标体系，并以成都市某创业投资引导基金数据为基础，通过将该方法与传统的模糊层次法对比分析，发现该方法更有效。其中，三个维度的建立及具体指标的设定为我们对政府引导基金的评价提供了相应启示。比如，对政府引导基金的评价在兼顾经济收益的同时更看重的是其政策效益。经济收益包括营业收入增长率、净利润增长率等，政策效益则包括投资企业早期阶段的比重、投资战略性新兴产业的比重等指标。

国外关于政府基金的研究较早（程聪慧和郭俊华，2019）。Musico et al.（2013）研究了政府基金对大学里的私人研究基金起到的是补充作用还是替代作用这个问题。越来越大的政治压力要求大学加强与业界的互动，扩大他们研究基金的融资渠道，并同时增加公共支出的约束。然而，这样的政策结果与政府的基金限制是否一致尚不清楚，并需要进一步研究。事实上，对于政府资金是否以及在何种程度上影响了大学的外部融资选择还需要实证层面的证据，特别是与研究和咨询活动相关的大学基金。通过用面板数据回归模型分析了整个意大利大学在工程和自然科学研究方面的基金，该文从研究契约和咨询角度得出了政府基金对大学基金起到了补充作用，对于增加大学与业界的合作和激发知识的传播做出了贡献。

二、政府引导基金对风险投资机构的影响

政府引导基金对风险投资机构的影响主要集中在政府引导基金的杠杆效应和引导效应。董建卫和郭立宏（2016）、郭立宏（2018）研究发现政府引导基金的介入能促进风险投资机构的后续募资，包括增加后续募资的可能性、降低募资的时间间隔，并进一步研究了如何提高该引导效应。一方面，从政府引导基金的自身特点出发，研究发现对基金的限制包括行业、阶段、地域等投资比例并没有弱化其发挥杠杆效应。但是一只政府引导基金单独投资的效果优于两只以上政府引导基金共同参股，建议政府引导基金不要扎堆集中投资。另一方面，从风险投资机构的特点出发，发现政府引导基金参股低声誉创投机构的杠杆效应高于高声誉创投机构，原因是政府发挥了认证作用，更有利于缓解参股的创投机构的信息不对称。参股非国有背景创投机构的杠杆效应高于参股国有背景创投机构，因为政府在非国有背景的创投机构中发挥的政治关联作用更大。参股创投成熟地区产生的杠杆效应高于落后地区，没有支持"良性循环"假说。

与此相反，杨敏利等（2017）的研究却发现，从整体上看政府引导基金参股不能促进创投机构的后续募资。进一步检验发现参股非国有创投机构能促进后续募资，无论参股低声誉还是高声誉创投机构，都无法促进其后续募资。该结论支持了政治关联假说，但否认了认证假说。上述两篇文章研究结论的不一致主要出现在样本选择、样本匹配方法以及变量测量。杨敏利等（2017）的研究基于全样本，在匹配过程中根据募资时间使用了倾向得分匹配法，关于风险投资机构声誉的测量使用的是清科研究中心公布的风险投资机构排名。而董建卫和郭立宏（2016）使用的是募资时间和募资地区两个变量进行匹配，风险投资机构声誉的测量使用的是因子得分法，将影响风险投资机构的多个特征综合得到一个声誉的测量变量。

Standert 和 Manigart（2017）基于一项政府母基金的项目，研究了政府基金对就业的影响。该项目的运作过程是政府母基金作为有限合伙人，委托外部的风险投资机构进行管理。根据风险投资机构的异质性和资源禀赋，他们发现由独立风险投资机构进行管理的政府母基金的就业率更高，高于那些政府风险投资机构和公司风险投资机构管理的母基金。这个发现表明，独立风险投资机构的财务目标与政府支持就业目标相一致，因为独立风险投资机构提供了更好的监督和价值增值服务并实现了成功退出，在此过程中带动了就业增长。该论文的政府项目和我国现阶段的政府引导基金运作方式相类似，都是政府以母基金的方式作为有限合伙人参与风险投资，委托外部风险投资机构进行管理。

此外，施国平等（2016）使用双重差分法（DID）从创投机构层面评估了政府引导基金对创投资本投向的引导作用。研究结果表明政府引导基金引导了非国有背景的创投机构向早期企业投资，但对国有背景的创投机构则无作用。对于投向高科技企业，政府引导基金的引导作用则不显著。

该论文说明了政府引导基金只对部分创投机构起到了引导作用，但是该论文只评估了政策的短期效果，而且没有解释现象背后的机理。

除了政府引导基金和风险投资机构特征会对引导效应产生影响，政府引导基金对私人资本的补偿方式也会影响引导效应的发挥。研究初期，由于数据可获得性较低，大部分研究以数理模型推导为主。孟卫东等（2010）在激励理论框架下，通过对比亏损补偿（即控制风险）和收益补偿（即提高收益）对私人资本的带动作用，发现只有当创业投资基金的期望收益不足以吸引私人资本时，政府资本对其补偿才有意义，且亏损补偿的效果优于收益补偿。董建卫和郭立宏（2017）通过对私人资本补偿方式的研究发现，对私人资本的不同补偿方式所发挥的引导效应有所不同。

三、政府引导基金对企业创新的影响

因为世界各国制度背景差异较大，而政府引导基金项目又根植于国家的制度文化，因此不同国家的政府投资基金项目实施效果可能存在较大差异。

（一）国外政府引导基金对企业创新的影响

国外设立的政府引导基金项目较早，发展比较成熟，因此相关的研究相对丰富。Cumming（2007）分析了澳大利亚 280 只风险投资基金和私募股权基金以及他们所投资的 845 个创业企业在 1982 至 2005 年的投资行为。主要分析的是创新投资基金政府计划，该计划在 1997 年首次被引进。为了突出创新投资基金的独特性，该文比较了澳大利亚创新投资基金计划的特点与加拿大、美国和英国的政府风险投资计划，创新投资基金的独特性在于将政府和私人部门建立了合作伙伴关系，分析了创新投资基金的基金绩效在以下几个方面：投资早期和高科技投资偏好；通过分阶段投资、辛迪加投资和每一个基金经理的投资组合规模以及成功退出情况。对于这些评定标准，其将创新投资基金的基金绩效与澳大利亚其他类型的私募股权基金和风险投资基金作比较，分析数据表明，创新投资基金计划促进了初始阶段和早期成长阶段投资、高科技投资，同时监督条款和价值增值建议也促进了标的企业的创新。总的来说，这个数据与下面的观点是吻合的，创新投资基金计划促进了澳大利亚风险投资行业的发展。然而，迄今为止创新投资基金的退出绩效与其他私募股权基金还没有统计上的显著差异。当后续年份的数据可得时，进一步的创新投资基金绩效评估是可行的。

基于欧洲的风险投资市场，Buzzacchi et al.（2013）研究了公共所有权混合基金对投资策略的影响。他们使用了一个独特的数据库，其包含了所有获得欧洲投资基金支持的风险资本基金，样本范围在 1998 年至 2007 年。这个数据库包含了 179 只风险投资基金以及其投资的 2482 个企业。他们发现公共所有权水平与清算退出有一个微弱的负相关关系，更高的公共所有权与一个更长时期的投资相关。后者的效应对于那些投资产生中间财务回报的投资更显著。这些结果在控制了目标公司水平和资本市场条件后依然显著。Munari 和 Toschi（2015）分析了公共风险投资与私人风险投资在不同地区是否以及如何对企业产生影响。基于代理成本和人力资本理论，其将公共基金分为地区和政府两种类型，去评估基金对被投资公司绩效的不同影响。分析样本是英国 1998 年至 2007 年 628 个风险资本支持的企业，结论是地区特征对公共风险投资项目评估的有效性有显著影响。

　　除了单独研究政府风险资本，部分学者开始关注有政府风险资本参与的联合投资。Bertoni 和 Tykvova（2015）研究了政府风险资本投资者是否以及如何支持发明和创新，以欧洲的年轻生物科技公司为样本。为了测量发明他们使用的是公司水平的简单专利股票，创新的代理变量是专利股票的引用权重。结果表明，政府风险资本单独作为投资者对于创新和发明没有任何影响。然而，政府风险资本在发明和创新方面提高了独立风险资本投资者的投资。他们认为政府风险资本并不是无用的替代，而是对独立风险资本的有力补充。同时他们也区分了技术导向和发明导向的政府风险资本，发现发明导向的政府风险资本在企业发明方面更好，技术导向的风险资本与独立风险资本结合更能促进企业创新。Pierrakis 和 Saridakis（2017）以英国风险资本市场上的私人基金和公共基金作为对比样本，研究公共支持的风险资本能否提高企业创新。该论文实证分析了 4 113 投资交易流特征所支持的 2 359 个企业，用企业专利作为创新的代理变量。发现与那些获得私人资金支持的企业相比，单独由公共基金支持的企业降低了申请专利的可能性。相反，一个企业获得专利的可能性在同时拥有公共基金和私人基金支持的情况下，与单独由私人资金支持的情况下没有差别，该结果对政策制定者和实践者有重要启示。

　　除了研究政府基金对企业创新是否会产生影响，学者又继续深入研究其中的机制。Howell（2015）探究了某个政府补助项目对企业研发支出的影响。在补助的第一阶段使用的是大样本、试验的研究方法，发现获得补助的公司在后续获得风险资本支持和专利产出的影响都较大，这项影响对于融资约束更强的公司更显著。在第二阶段，使用的是信号提取模型的方法观察政府补助对未来融资的影响，结果与认证效应不一致。这篇论文表明政府补助在企业初创期作用更显著，而且引导作用更强，但是认证作用不显著。Cumming et al. (2016)研究了全世界的清洁技术风险资本，该项风险资本与普通的风险资本有所不同，因为他的风险更高、资本密集度更大、技术溢出效应更强，但同时退出的要求也更高。作者试图去寻找是否有某种补偿因素可能会激励更大的清洁技术投资。他们认为原油价格增加了相关利益者的关注，同时增加了对正式和非正式制度的影响。该文提供了一个跨国的分析关于清洁风险资本投资的决定因素，数据用的是世界范围内31个国家的数据，该数据给出了关于原油价格在清洁能源中的重要性的一致性的证据，这比其他任何经济、法律和制度因素都重要。清洁技术媒体覆盖对于清洁技术风险资本在统计上同样有显著性影响，在经济上也有显著性影响，与其他国家的法律变量、治理变量和文化变量一样。不确定性规避在清洁技术风险资本投资中有负向影响，同时在其他变量上有一定调节效应。Corredoira等（2018）以一项新的专利引用数进行测量，发现由联邦政府支持的研究与更多活跃的、多样的技术相关联。他们认为政府基金能实现突破式发明，这个特征在长期专利创新的顶端分布尤其显著，政府资助的专利是对更广泛技术的投入。额外的分析表明联邦支持的大学专利在技术级别方面与非联邦支持的显著不同。从这个意义上说，政府在创新活动的速度和方向上可能发挥着不可替代的作用。

（二）国内政府引导基金对企业创新的影响

在国内，在政府引导基金创立早期的相关数据披露少，因此较少从企业微观层面直接研究政府引导基金的引导效应。研究初期主要以理论模型为主，燕志雄等（2016）根据风险投资基金的所有制性质不同，从代理问题角度对比了政府主导型、风险投资家型和政府引导基金型对中小高科技企业的融资影响。结果发现政府主导型代理问题最严重，风险投资家型要求的回报高进而会增加高科技企业的融资成本，因此政府引导基金型的基金最理想。

近几年政府引导基金的快速发展，提高了数据可获得性，相关研究逐渐丰富。程聪慧和王斯亮（2018）以新三板获得政府引导基金投资保障的50家创业企业为样本，研究发现相比于未受到政府引导基金资助的企业，受政府引导基金资助的企业创新产出更多。且创新产出和政府引导基金累计保障年限之间存在正"U"形关系，经门槛效应检验表明门槛值为5年。邓晓兰和孙长鹏（2019）使用理论模型和案例分析相结合的方法研究了政府引导基金与企业创新的关系，结果发现政府引导基金能够通过促进企业创新进而推动产业升级，该作用效果显著。也就是说，政府引导基金能够作用于企业创新，由企业创新推动产业升级，同时兼顾了创新驱动与产业升级。

政府引导基金由于要完成政策目标，在投资策略上存在一定的政策倾斜性。这包括对本地企业投资比例的要求、对高科技企业投资比例的要求和企业早期阶段投资数量的要求，学者们在此基础上开始展开深入研究。

关于企业投资阶段的研究，王晗等（2018）研究了政府引导基金和企业创新的关系，结果发现从整体上看，政府引导基金与私人创投基金在对企业创新的影响方面不存在显著性差异。根据企业所处发展阶段进行分类后的回归结果表明，政府引导基金参股投资成熟期企业时，更能促进企业创新，投资扩张期时与私人创投基金无显著差异。该文章只是检验了政府引导基金能否促进企业创新以及企业特点如何影响该结论，但是并未进一步探索相关机制。边思凯和周亚虹（2020）使用投中集团数据库提供的2006年至2018年的融资事件为样本，研究了民营创投在政府引导基金参与企业融资前后的参与变化情况。结果发现政府引导基金不仅能在企业的融资当轮对民营创投起到引导作用，在后轮中对民营创投依然能起到引导作用。该引导作用取决于首次参与融资的时间间隔，同时非国有风险投资机构管理更能促进引导作用的发挥。

关于企业投资地区的研究，董建卫等（2018）研究了政府引导基金本地投资对企业创新的影响，发现当政府引导基金投资本地企业时，对企业创新的促进作用优于私人创投基金，但是投资非本地企业则无影响。在本地投资中，投资高科技行业对创新的促进作用更强，非高科技行业则无差异。至于投资阶段的扩张期和成熟期，与私人创投基金相比，政府引导基金对企业创新的促进作用更显著。进一步探究其中的解释机制，发现政府引导基金的"选择效应"发挥了主要作用，而非"处理效应"。

此外，政府引导基金的设立分为不同级别，包括中央级和地方级，地方级又包括省级、市级和县级等，那么不同级别的政府引导基金是否会对企业创新产生不同的影响。Zhou et al.（2018）以文化产业为例，研究了政府基金项目如何有效促进企业创新，以及内部的组织应变对政府基金项目的影响。特别地，该文区分了两类不同的政府基金项目，即中央政府基金项目和地方政府基金项目。同时将创新也进行了区分，即原创性创新和渐进性创新。以中国政府风险基金支持的中国创新企业为样本，研究发现中央政府基金项目对企业的两类创新都是倒"U"形关系，地方政府基金项目对渐进创新是倒"U"形，对原创性创新无影响。这些效应都被企业的知识股票所调节。

第四节　国内外研究评述

总结前人研究文献可以发现，由于国外风险投资起步早、发展快，因此相关文献比较丰富。但是现阶段关于政府引导基金对企业创新的影响得出的结论不一致，部分学者得出的结论是"引导作用"，部分学者得出的结论是"挤出效应"。原因可能是各国家政策背景、制度文化不同，导致政府引导基金的设立方式、管理手段等不同，进而对企业创新的作用不同。所以要研究一国的政府引导基金对企业创新的影响，就要根植于本国的制度背景进行具体分析。

我国的政府引导基金开始于 2002 年，经过二十余年的发展取得了一定成效，现有研究主要从三方面展开。一是政府引导基金对宏观资本市场的作用，主要从理论上分析政府引导基金政策定位、运作方式等，重点阐述对市场失灵的改善效果。二是研究政府引导基金对风险投资机构的影响，主要集中于对风险投资机构后续募资的杠杆作用。结果发现，风险投资机构特征的不同，包括是否为国有风险投资机构、风险投资机构声誉高低等都会影响杠杆效应的发挥，但是从整体上看政府引导基金起到了杠杆作用。三是研究政府引导基金对被投资企业的影响，主要是对企业创新的作用。因为政府引导基金的设立目标就是促进企业创新创业，得出的结论较为积极，即政府引导基金能促进企业创新，偏好投资高科技企业和企业早期阶段，但是关于政府引导基金如何更好地促进企业创新，即机制问题较少涉及。

政府引导基金的运作模式是间接投资，以母基金的形式委托外部风险投资机构进行管理，因此风险投资机构在促进引导作用发挥的过程中起到了重要作用。但是现阶段的研究要么关注政府引导基金对风险投资机构的影响，要么关注政府引导基金对被投资企业的影响，未有研究将三者纳入一个研究框架，而将政府引导基金各部分拆开研究可能产生结论有偏差、分析不够系统的问题。

综上，本书立足于中国实践背景，研究中国问题。从政府引导基金运作方式出发，深入分析了政府引导基金的运作特点，在此基础上构建研究框架。将政府引导基金、风险投资机构、被投资企业三者融为一体，避免了前人将其割裂开来研究的缺陷，从风险投资机构异质性的角度深入挖掘影响政府引导基金促进企业创新的作用机制。本书希望能为政府引导基金能否解决市场失灵、促进企业创新提供补充证据。同时首次从风险投资机构异质性视角研究其对被投资企业创新的影响机制，以期能为政府引导基金如何更好地促进企业创新提供政策建议。

第三章 政府引导基金现状分析

政府引导基金通过市场化的运作方式带动社会资金充分发挥其引导作用，间接引导企业创新。相对于国外发达国家，我国的政府引导基金起步比较晚。根据风险投资募投管退循环分析，目前政府引导基金存在募资困难、重复设立、投资项目少、投向存在政策性偏差、结存现象严重、管理人员激励机制匮乏、退出延期现象普遍等问题。本章在梳理和介绍我国政府引导基金现状的基础上，仔细分析国外设立成功的政府引导基金运作经验，以期对政府引导基金有更加全面的认识，为后续的研究假设和实证检验作铺垫。

第一节 我国政府引导基金发展概述

一、发展历程及现状

（一）发展历程

1985 年，我国公布了《中共中央关于科学技术体制改革的决定》，提出了可以通过设立创业投资对高风险技术研发给予支持。随后，在我国政府的积极参与和推动下，从中央到地方政府风险资本纷纷设立。2002 年，我国开始设立政府引导基金，政府引导基金的发展先后经历了探索起步阶段（2002—2007 年）和规范化运作阶段（2008—2015 年），现已进入了快速发展阶段（2016 年至今）。下面重点阐述我国政府引导基金发展历程中的里程碑事件。

2002 年，我国第一只政府引导基金"中关村创业投资引导资金"成立，标志着我国政府引导基金设立的开端。2008 年，我国首个政府引导基金运作规范《关于创业投资引导基金规范设立与运作的指导意见》发布，为后续各级地方政府设立引导基金提供了明确的操作说明。2016 年，我国政府引导基金进入了快速发展期，2016 年全国政府引导基金在设立数量和披露的总目标规模上超过了 2013 年至 2015 年全国政府引导基金的总和。

（二）发展现状

经过二十余年的发展，无论从设立数量还是募资规模上看，政府引导基金都有了较高增长，现阶段主要呈现出以下几方面特点。

第一，增长速度快。我国政府引导基金起步比较晚，但是从 2016 年开始进入了飞速发展阶段。从数量上看，截至 2023 年第 3 季度末，我国已经设立 1 557 只政府引导基金，自身规模累计达 29 893 亿元。由图 3-1 可以看出，2014—2023 年第 3 季度末，政府引导基金数量增加 1 291 只，复合年均增长率为 21.69%。政府引导基金自身规模增加 28 269 亿元，复合年均增长率为 38.21%。政府引导基金过往 10 年整体稳定，虽增速逐渐放缓，但仍是助力国内私募股权基金领域发展的重要力量。风险资本是一个强周期行业，纵观世界各国风险资本的发展，可以看出通常都是经历了大规模增长后呈现出缓慢增长，此时在暴涨时期带来的相关问题逐步凸显（Robinson and Sensoy，2016）。因此在解决问题的同时平稳增长，有利于该行业的健康和持久发展，是一个行业正常的发展态势。

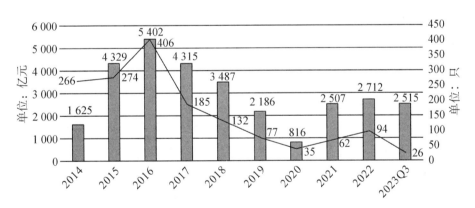

图 3-1　政府引导基金设立情况（数量及规模）

资料来源：投中数据库。

第二，从设立地区来看，东西部仍呈现出不均衡状态。从风险投资机构数量、风险资本筹资总额和风险资本投资总额上看，我国风险资本市场本身呈现出东西部发展不均衡状态。政府引导基金在设立时明确规定对本地区企业要有一定程度的倾斜，以带动该地区创新企业发展，缩小东西部地区差距（杨晔和邵同尧，2012；倪文新 等，2013）。截至 2023 年第 3 季度末，我国政府引导基金在华东地区已设立 688 只、西北为 74 只、东北为 57 只。该现象可能与产业集群有关，因为在集群内各企业之间比较容易形成信用机制和信赖关系，道德风险和逆向选择较少，所以风险资本呈现出集聚特点（陈少强 等，2017）。

第三，从政府引导基金设立的级别来看，政府引导基金的级别包括国家级、省级、市级和区县级。国家级和省级政府引导基金均呈现单只规模较大的特点，市级政府引导基金规模及数量占比双高、继续保持占比第一，区县级政府引导基金平均自身规模最小，整体契合"顶层设计、集中管理、逐层放大"的管理趋势。

第四，从投资行业来看，政府引导基金投资行业的分布主要包括医疗健康、TMT（人工智能、智能制造、大数据、机器人等）、环保与公共事业、材料与能源矿产、新零售、教育和金融[①]。根据科技部发布的《高新技术企业认定办法》，结合我国高科技企业年鉴，核对 2012 年证监会的行业分类指引，将医药制造业（C27）、航空航天制造业（C37）、计算机-通信和其他电子设备制造业（C39）、仪器仪表制造业（C40）、信息传输-软件和信息技术服务业（I），及科学研究和技术服务业（M）认定为高科技行业。对比政府引导基金投资的行业分析，可以看出其对高科技行业投资的重视，尤其集中在 TMT（人工智能、智能制造、大数据、机器人），由此可以初步得出政府引导基金在产业政策引导方面发挥了一定的作用。随着我国政府提出"脱虚向实"的政策发展方针，政府引导基金的投资行业向制造业领域倾斜。这也体现出了我国政府在基础行业创新、制造业产业升级方面的积极表现。

二、投资运作模式

我国政府引导基金现阶段的运作模式主要包括阶段参股、跟进投资、

[①] 相关内容来自投中研究院研究报告。

融资担保、风险补助和投资保障。下面分别阐述每一种运作模式的具体运作流程。

（一）阶段参股

阶段参股是我国政府引导基金现阶段最常见的运作模式之一。在阶段参股模式中，政府引导基金以母基金的方式进行运作，按照一定的出资比例，与社会资本共同发起设立子基金，并委托外部风险投资机构进行管理。政府引导基金以股权投资的方式向创业企业进行投资，在约定的期限内退出，通常投资期限在 5 年以内。参股模式最主要特点其一是参股不控股，政府的出资比例一般不超过 20%，不参与子基金的项目投资和日常管理。其二是关于投向有具体规定，鼓励子基金投资于本地区的项目以及具备高新技术特点的初创企业。

（二）跟进投资

跟进投资是指对风险投资机构选定投资的初创期科技型中小企业，政府引导基金以同等条件、按一定比例对投资标的提供股权投资，以实现引导和支持作用，同时将投资收益按照一定比例用于向风险投资机构支付管理费和奖金（范宏博，2012）。在跟进投资模式中，政府引导基金直接参与投资，但是必须尊重和认可社会资本的主导地位，充分支持其对拟投资标的的选择、评估、投资和投后管理工作。跟进投资属于直接投资的一种，但不是投资模式的主流形式。

（三）融资担保

融资担保模式是指政府引导基金根据征信机构提供的信用报告或评级机构出具的评级报告，对历史信用记录良好的风险投资机构提供融资担保，支持其通过债权融资获得资金来源（Fama and French，2002；Darmouni and Sutherland，2021）。在实践中主要存在两种操作方式，一种是直接对风险投资机构提供融资担保，另外一种是引入担保机构，对担保机构进行补贴。融资担保模式有以下优点：第一，属于间接投资模式，避免了政府对风险投资机构投资行为的直接干预，充分实现了市场化运作。第二，政府只需要设立补偿基金而不需要直接投资，因此该种模式可以大大减少政府的资本支出。第三，政府的担保可以很大程度上提高风险投资机构的融资能力。

（四）风险补助

风险补助模式是指政府引导基金对已经投资给初创期高科技的风险投

资机构给予一定的补助，以弥补创业投资损失，增强风险投资机构的风险抵御能力。风险投资的补助金额通常不超过风险投资机构实际投资额的5%。风险补助模式充分体现了政府的支持和引导，但是比较容易产生严重的信息不对称导致的合谋问题，某些风险投资机构可能存在为了获得补助而做出有意投资的行为。

（五）投资保障

投资保障是指风险投资机构挑选出那些正在进行高新技术研发、有投资潜力的初创型科技企业，由政府引导基金给予它们资助。资助包括投资前和投资后两个阶段。投资保障的模式与政府补助有些类似，但是在挑选企业方面是依靠风险投资机构。这种模式能够避免政府任命的管理人员能力不足问题，发挥风险投资机构的专长，借助风险投资机构的专业能力实现政府促进创新创业的目标（Korteweg and Sorensen，2017）。

三、引导作用的发挥

（一）资金募集：引导社会资本，提高政府资金使用效率

政府引导基金的设立方式就是政府出资一小部分，再吸引社会资金参与投资，解决创业企业的融资缺口，促进企业创新。我国风险资本行业现阶段虽然发展迅速，但早期创新企业存在研发支出多、可抵押物少等问题，导致对企业早期阶段投资比例低（Mann，2018）。政府引导基金的设立可以增加风险资本的早期供给量，从供给端解决大部分创业创新企业融资难、融资贵的问题。从需求端来看，新创企业获得资金后，能进行试验研发，更有利于科技成果的实施和转化（Ewens et al.，2018）。而且政府引导基金对投资本地企业有一定的返投比例要求，这就为当地的创业环境起到了良好的带动作用，产生良性循环（Harford et al.，2019）。

将政府促进企业创新的各种形式进行对比可以看出，与直接的税收优惠和研发补贴等传统的直接补贴方式相比，政府引导基金依靠市场化运作，实现了从无偿到有偿的转变。而且以股权的方式参与投资，能够获得一定的利润分成，极大地提高了政府资金的使用效率（谈毅和叶岑，2001）。

（二）资金投资：引导资金投向，解决市场失灵

由于独立风险资本在资金的投向上存在一定的市场失灵，对高科技企业和企业早期阶段的投资比例低。从理论上分析，政府引导基金的参与能够解决市场资源配置的失灵问题。为改变现存市场的风险投资情况，政府

引导基金在投资章程中明确规定了对企业早期阶段、高科技行业和落后地区的投资比例（田鸣 等，2019）。这不仅能够实现对国家战略性新兴产业的投资带动，同时也能增加对落后地区的投资比重，解决东西部地域发展不均衡问题，使全国各地区共同发展（Guo et al.，2019）。

根据投中研究院公布的政府引导基金报告可知，政府引导基金主要关注的投资领域包括医疗健康、TMT、环保和公共事业、材料和能源矿产、新零售、教育和金融等。其中医疗健康、环保和公共事业、材料和能源矿产体现出了对我国基础行业的支持和推动，为科技创新助力。

（三）投后管理：发挥市场机制，减少代理成本

政府引导基金的运作方式是市场化，大多数是委托外部的风险投资机构进行管理。与传统的国有风险投资公司直接管理相比，其能够避免寻租、人力资本不足等行为的产生（Lee et al.，2018）。因为国有风险投资公司的高管由政府官员担任，他们的工资薪酬通常是固定的，所以没有动机投资高风险项目，同时他们可能会为了职位晋升等私人收益而投资较差的项目，即产生寻租行为（Graham et al.，2011；Bettis et al.，2018）。所以，国有风险投资公司的投资绩效比较差（钱苹和张帏，2007）。而政府引导基金在委托外部风险投资机构管理的同时，采用市场化的激励手段，通过亏损补偿、收益奖励等多种激励方式，对那些符合国家产业政策、有发展前景的新创企业给予支持，填补融资缺口，进而促进企业创新（孟卫东等，2010）。多种激励政策能够激励风险投资机构的高管努力工作，提高收益的同时获得下期与政府引导基金的合作机会，所以理论推测政府引导基金的投资效果更好（Glover and Levine，2017；黄嵩 等，2020）。黄福广等（2021）的研究也证实了这一理论观点，政府引导基金优于国有直投对企业早期阶段和高科技的投资，原因是政府引导基金委托了高声誉的风险投资机构，借助外部风险投资机构发挥了政府引导基金的杠杆作用。

四、存在的问题

（一）基金设立：募资困难，重复设立

投中研究院实践调查表明，由于已经设立的政府引导基金在成立方式上缺少顶层设计，各级政府设立的引导基金在投资领域和投资地区存在严重的重复。此外，中央层面设立的政府引导基金存在数量少、金额大的问题，导致很多子基金投不出去。基金无处可投的原因，一方面是政府引导

基金在设立时，缺少实践调查，一窝蜂式盲目设立，造成投资领域的重复；另一方面各级政府在设立时存在沟通不足现象，某些重点领域重复设立情况严重，最终使得投资效率低下。2019 年，深创投官网发布《关于公示深圳市政府投资引导基金清理子基金及缩减规模子基金名单的通知》，共清理 25 只子基金，基金总规模达 645.526 亿元；缩减了 12 只子基金的规模，收回子基金的承诺出资金额超 140 亿元。

对于还未成立的政府引导基金，2018 年出台的《关于规范金融机构资产管理业务的指导意见》给政府引导基金的募资带来一定困难。文件明确规定公募产品、非持牌三方机构的募集资金、政府平台以及其他企业的融资资金，均无法向政府引导基金投资。政府引导基金的作用重在引导，因此吸引社会资本是关键，而该文件的出台无疑对政府引导基金的募资产生了较为不利的影响（冯冰和杨敏利，2014）。

（二）基金投向：激励不足，投向随意

政府引导基金虽然在政策中明确规定了投资方向，但是通过实践现状分析可知，现阶段政府引导基金的投向还存在一定的政策性偏差，包括对企业早期阶段、重点新兴领域投资比重不足，没能真正起到引导作用。原因可能是监管措施不足，现存文件大部分是激励性机制，缺少惩罚性措施，导致政府引导基金犯错成本低。因此，某些主体可能为了某些政治需求或业绩指标产生投向随意问题（赵莎莎和张新宁，2018）。

此外，对于激励机制而言，现存的激励机制较多，鱼龙混杂。既有从降低风险角度设计的，也有从提高收益角度设计的，还有二者同时兼顾的，至于哪一种激励机制运行效果比较好，却没有统一答案。孟卫东等（2010）发现只有当创业投资基金的期望收益不足以吸引私人资本时，政府资本对其补偿才有意义，且亏损补偿的效果优于收益补偿。现阶段的激励机制设计可能还处在探索期，政府引导基金没能根据具体情况实施相应的激励机制，最终导致缺少投资高科技、企业早期阶段的激励，产生投向偏差。

（三）基金管理：市场化程度不够，信用机制不健全

政府引导基金在运作过程中存在共同代理问题。政府引导基金的委托人分别是政府和社会资金，政府的目标是促进创新创业，社会资金的目标是获得经济收益，二者的目标存在严重冲突，导致代理人无所适从（Farago and Tédongap，2018）。作为代理人的风险投资机构，既可以以代理人的身份获得政府和社会资金的报酬，同时又可以通过与创业企业合谋

获得额外收益，因此在协调共同代理问题中值得关注。此外，虽然政府引导基金在政策中明确规定引导基金的运作采用市场化手段，但是在实际执行中，政府部门对于子基金的运作仍有一定程度的参与。这包括委托的风险投资机构和国有风险投资机构，同时形成了政府的完全管理，违背了市场化的初衷。

法制体系不健全和社会诚信落后也使得委托代理问题更加严重。在委托代理关系中，委托人与代理人的严重分歧需要用法律来加以限制，同时需要社会信用来辅助。但是截至目前，我国政府引导基金的管理办法并没有上升到法律层面，只有相应的规章制度与管理办法，导致部分委托代理人有机可乘，产生寻租行为。风险资本是一个高度的信用产品，需要全社会的制度和道德来约束，以减少利己行为。但是截至目前，我国的社会征信体系建立不够完善，金融市场存在严重的信息不对称，这些加大了风险资本的投资障碍（黄福广 等，2021）。

（四）基金退出：退出渠道少，缺乏完善的评价机制

因为政府引导基金设立的时间比较短，而风险投资基金退出的时间通常比较长，所以截至目前，大部分的政府引导基金还没有完全退出。因此难以从实证层面以大数据样本研究政府引导基金的退出绩效。但是，从理论上分析，政府引导基金属于政策性基金，不完全以盈利为目的，所以其评价体系不能照搬商业性基金的体系，要有针对性评价指标。顾婧等（2015）基于直觉模糊层次法给出了创业投资引导基金绩效评价方法，从政策效应、经济效应和管理效应三个维度构建该指标体系。政府引导基金也应该逐步建立子基金估值体系，根据子基金投资组合的发展阶段选择相适应的估值方式（Gornall and Strebulaev，2020）。政府引导基金应该自行或委托专业第三方对子基金进行绩效评价，及时跟进子基金的运营和治理情况。子基金应该定期汇报经营情况，而不能等基金结束后再统一评估。

对于退出渠道而言，现阶段风险投资基金的 IPO 退出板块主要有主板、中小板、创业板、新三板和科创板，但是退出要求主要以财务指标为主，并没有针对政府引导基金专门考虑其退出办法。退出渠道不畅通、子基金退出出现延期现象等，导致参与政府引导基金的投资者积极性降低，进而影响整个风险投资循环过程。而且除了通过企业上市（IPO）退出，并购和转售的相关退出政策也不完善，缺少多渠道的退出策略（Cornaggia and Li，2019）。

第二节　国外政府引导基金有益借鉴

经济发展速度快的发达国家，其政府对风险投资行业的支持力度都比较大，例如美国、加拿大、澳大利亚、新加坡和以色列等。各国政府纷纷采取多种形式成立政府风险资本，刺激本国的创新创业，带动经济发展。对国外典型政府引导基金的成功经验进行借鉴和参考，有助于提高我国政府引导基金的运作效果。

一、美国的融资担保模式

风险投资起源于美国，根据资本市场规律，新创企业由于信息不对称程度高、风险大，很难获得银行资本，又因无法上市而很难获得权益资本，小企业为获得资本开始寻求风险投资人或风险投资机构。风险投资人一般是个人，通常是天使投资，他们的缺点是资金量有限，无法支持数量太多的投资项目（王书斌，2019）。风险投资机构的缺点是追求经济收益，对企业早期阶段和高科技行业投资较少。在此背景下，美国于1958年推出了小企业投资公司（SBIC）计划。小企业投资公司成立伊始的宗旨是"让利于民"，不与民间资本争利。

小企业投资公司是经过美国小企业局（SBA）批准成立的私人风险投资公司，主要依靠美国小企业局的担保进行融资，投资美国当地的中小企业，尤其是创新型企业，为美国的创新发展起到了极大的助推作用。美国小企业局不直接投资小企业，而是与经许可的小企业投资公司合作，为其提供担保，帮助其获得债务资金，间接支持中小企业的发展。获得小企业投资公司支持的中小企业会被进行严格的尽职调查，风投公司对调查合格的企业给予多种方式的资金支持，同时中小企业投资公司负责中小企业后续的管理工作，以期分享企业的盈利分成（李朝晖，2010）。

美国的融资担保模式之所以成功可能源于以下几点：第一，政府社会信用的放大功能。与其他基金的参股等运作模式不同，美国采用的是融资担保模式。政府无须出资，只需提供担保即可，大大减少了政府的支出，提高了政府资本的杠杆作用。因为政府的资金毕竟有限，仅依靠政府的资金提供资助是不足的，只有引导社会资金的参与才能形成长期发展，为创新创业企业持续注资。第二，采取间接投资方式。政府支持的是小企业投资公司，而不是被投资企业，减少寻租行为的发生，避免了政府缺少管理企业能力的弊端。同时委托小企业投资公司进行管理，更加专业化，有助于提高政府的投资效率。第三，政府采取让利于民的政策。政府不与市场争利，在风险承担方面扮演了主要角色，打消了小企业投资公司的担忧，使其有意愿并有能力投资高科技的中小企业（Mao and Zhang，2018）。

二、以色列的参股模式

以色列是世界上风险资本较为发达的国家之一，以色列的风险资本产生于 20 世纪 60 年代，为解决市场失灵而设立。1992 年以色列政府成立了 YOZMA 基金公司，1993 年 1 月正式成立了 YOZMA 基金。该基金成立的目的是支持以出口为主的以色列高科技企业的成长，该基金的定位是母基金（庞跃华和曾令华，2011）。设立目标是通过母基金引导民间资金成立更多商业性基金，起到杠杆作用，同时也要培养专门的风险投资人才。以色列基金的运作模式是参股，政府出资 1 亿美元启动资金，成立 10 家商业性引导基金，政府对每家资金的支持比例不超过 40%，私人投资者占 60% 以上。政府作为有限合伙人，不参与基金的管理，以保证基金的市场化运作。政府的原则是"舍弃利益、共担风险"，在基金成功运行 6 年后，政府将基金中的股份原价出让给其他投资者。此外，该基金成立初期缺乏优秀的管理人才，政府有意邀请境外有经验的风险投资机构进行管理。该基金的目标是一定要向国外成功者学习先进经验，所以投资地区主要以国外为主，同时每个基金都具备政府引导基金股权看涨期权，为社会资金提供了上行激励（Shue and Townsend，2017；Jochem et al.，2018）。

政府引导基金参股的商业性基金对以色列的创投行业示范效果明显，其所参股的创投基金位居全国前 20 名。在政府的引导下，私人部门的创投能力已经显著提高，以色列政府在 1997 年通过其所参股的基金私有化而实现了政府退出。截至 2000 年，YOZMA 基金参股的基金全部实现了私有化，政府已经完全退出（庞跃华和曾令华，2011）。创投基金的筹资额占当年 GDP 的 2.7%，在所有国家当中最高。

经过 30 多年的发展，YOZMA 基金已经成为参股模式基金运作的典范，以色列也成了世界上创业投资发达国家。以色列的成功经验有以下几点：其一，政府的让利原则，即"舍弃利益，共担风险"。激励民间资本参与风险投资，同时待私有风险投资发展完善后政府实现了成功退出。政府起到了先行者的培育角色，而不是主导角色。其二，该基金强调一定要向国外学习成功经验，同时注重培养专门的风险投资人才。风险投资行业是人力资本密集型行业，风险投资家的培养至关重要，而 YOZMA 基金很好地利用了这一点（黄福广 等，2016）。其三，给基金设立看涨期权，相当于增加了激励上限。与普通的股权相比，期权的激励效果更大（Eisdorfer et al.，2019）。

三、澳大利亚的参股模式

澳大利亚政府于 1997 年 3 月提出了澳大利亚创新投资基金项目。该创新投资基金由政府出资设立，由澳大利亚的产业研究与开发委员会负责管理。以参股方式引导民间资本一起成立商业基金，促进向创业企业早期阶段的投资。澳大利亚创新投资基金和以色列的 YOZMA 基金有些相似，其原则是"让利于民，不与民间争利"。政府主要的任务其一是填补企业早期阶段的投资不足，其二是建立中小企业募集资金的二级市场，为创业投资的退出提供更多便利。以上两点能够保证民间资本的参与度，扩大资金的来源，同时完善退出机制。在具体的运作过程中，政府和民间资本的出资比例为 2∶1。在收益分配上，政府和民间资本的分配原则是 1∶9。这两种设计降低了民间资本的投资风险，提高了民间资本的投资收益。创新投资基金通过竞争方式选择基金管理人进行管理，保证了基金管理人的胜任能力。在政府支持的示范作用下，2001 年至 2002 年澳大利亚的创业投资资金的总规模高达 69 亿澳元。

澳大利亚的创新投资基金的成功经验有以下几点：一是管理运作和监管部门分开，避免了政府既当"裁判员"又当"运动员"。任命的政府管理人员都有相关的行业背景，保证了政府风险投资行业的人员素质。二是政府资本的出资比例和收益分成比例有明确规定。比如，政府与民间资本的出资比例明确规定为 2∶1，关于政府和民间资本的分配比例明确规定为 1∶9。这样可以很好地避免模糊不清产生的利益分配问题。三是在选择外部风险投资机构上，主要根据竞争原则，择优委托，提高了风险投资机构的竞争力，避免了政府直接委派风险投资机构导致的人力资本不足和激励不当等问题。

四、英国的参股模式

1998 年，为提高中小企业的融资能力，英国政府宣布成立政府创业投资基金。该基金通过支持各地区成立商业性创业投资基金，间接促进对中小企业的投资。该计划从 1999 年开始正式实施，宗旨一是增加中小企业发展所需的股本融资，解决其融资缺口；宗旨二是保证该基金覆盖英国所有地区，实现地区的均衡发展。根据英国政府规定，所有获得政府创业投资基金支持的基金都必须按照商业化形式运作，由专业的基金管理人管理，同时需要募集一定数额的私人资本。

在具体运作方面，设立投资咨询委员会，目的是发现投资机会，提出关于投资对策的建议，保证各项投资合理合法。同时投资咨询委员会还需要包括独立委员，独立委员需要具备一定的行业经验，关于委员会的职责分工及其与基金经理的关系需要明确定义并且严格遵守。政府参股的所有投资基金必须只能投资中小企业，而且不能投资金融类、房地产类、会计服务类和农林业。同时这些投资基金必须定期向中小企业服务管理局报送相关报表，包括基金资产负债表、损益表和现金流量表，各项投资的价值评估信息、未来价值变动评论和退出的内部收益情况，这些报表需要每半年报告一次。

在激励政策方面，政府为了吸引其他投资者，提出当创业投资基金发生亏损时，政府首先进行赔偿；或者政府设定封顶收益，只收取一个有限的收益；或者以上二者兼而有之。通过该计划，有效地促进了民间资本对创业投资基金的支持，使得创新创业遍地开花。

英国政府投资基金的成功经验在于：第一，按照商业化模式运作，由专业化的基金管理人进行管理，极大地提高了投资效率。第二，相关信息的审查和评估政策比较完善，包括半年度的报告等。在基金运作过程中加大了监督力度，防止了腐败等行为的发生。第三，激励政策实施得比较合理。既包括对风险的补偿，也包括对收益的奖励，提高了投资基金对高科技行业和企业早期阶段的投资积极性。

五、国外政府引导基金成功经验的总结和借鉴

通过上述发达国家的政府引导基金运作的对比分析，可以总结出以下成功经验。

第一，政府引导基金的设立目标是发挥杠杆作用。政府引导基金主要通过吸引社会资本参与投资，政府自身只出资一小部分参与引导。目标明确有利于后续从执行层面检查政府引导基金的运作情况，即事先设定评判标准，之后才能更好地执行。

第二，投资方式是间接投资。政府引导基金支持对象都是商业性创业投资企业，而不是直接投资企业，避免了直接投资造成的寻租等私人收益行为。政府引导基金大多采取间接方式委托外部的风险投资机构进行管理，而且风险投资机构都是通过竞争择优选用，保证了投资的专业化和投资人才的人力资本质量。

第三，市场化机制。政府引导基金不干预所支持的创业投资基金具体经营，而是通过制定相应的规则和参与重大决策等来引导其对国家支持的重点领域进行投资。同时对投资设立一定的政策性要求，比如，投资早期阶段的比例、投资高科技行业的金额等，能够保证政策目标较好地实现。

第四，政府引导基金的运作方式主要以参股模式和融资担保为主。虽然也有其他方式参与投资，但均不属于主流模式。融资担保方式实现的杠杆功能更大，因为政府无须出资，只提供信用担保。参股方式是股权融资，政府可以享受企业成长带来的红利。

第五，要求被投资企业及时汇报财务等相关信息，保证了对基金执行情况的及时监督。因为风险投资基金进入企业直到退出，一般需要 7 年至 10 年，在此过程中必须实行严格的监督才能保证基金的运行效果良好。中间出现任何不当操作应进行及时调整，所以实时反馈运行结果至关重要。

第六，管理部门和监督部门相分离的原则。管理基金的部门不能同时担任监督人的角色，否则会造成政府职能缺失、管理混乱的局面，产生政府既当"裁判员"又当"运动员"的问题。

第七，在基金的成立和最终利润分配上，政府一直让利于民，多承担风险的同时少分享收益。但政府必须采用有偿使用原则运作基金，而不是单纯的政府补贴形式。此外，关于出资比例和分成办法，最好有清晰明确的规定，避免某些风险投资机构通过政策漏洞获取私人收益。

第八，在基金的退出上采取多渠道多方式退出办法。比如，除了企业上市退出（IPO），政府可以在一段时间后将股权转售。即，基金成熟后，政府退出引导者的角色，完成培育创新创业的任务。这类似 YOZMA 基金的运作方式。

第九，引进国外优秀人才和先进经验。风险投资行业属于资本密集型和技术集中型行业，对人才的培养和相关经验的学习至关重要。在设立初期，引进优秀人才可以为后续基金的运作助力，所获得的宝贵的经验也可以避免基金在执行层面上出现偏差。

第四章 政府引导基金是否促进企业创新

第一节 理论分析和研究假设

一、政府引导基金对企业创新的促进作用

根据外部性理论，企业创新会产生正的外部性（杨大凯和李丹丹，2012），但是创新活动一旦成功之后，大量原创知识信息泄露，将导致企业缺乏创新动机（Hirshleifer et al.，2018）。除了创新动机，企业也缺少一项重要的创新要素，即资金。因为企业创新是一项高风险、高不确定性和长期性活动，同时新创企业信息不对称程度高，缺少相关的财务信息披露和可抵押物，难以从传统的金融机构获得贷款。这使得大部分创新企业面临严重的融资约束，阻碍企业创新。在该背景下，风险资本随之产生。风险资本专门从事于高风险高收益活动，通过对创新性项目的投资，并为其提供后续的管理和咨询服务，助推企业成功上市，通过上市出售股份获得相关收益。风险资本以逐利为目的，因此对企业成熟阶段甚至是上市前阶段投资较多，而对风险程度高的企业早期阶段投资少，产生了市场失灵。但是企业早期的试验阶段对于企业创新活动的开展至关重要（Nanda and Rhodes-Kropf，2016），因此政府积极参与去试图解决风险投资市场的资本配置不合理问题，发挥创新活动的正外部性（Dang and Xu，2018）。

根据政府干预理论，政府引导基金参与风险投资属于政府干预市场行为。至于政府能否解决市场失灵、发挥政策性作用，现有研究存在两种截然对立的观点，即"互补观"与"替代观"。"互补观"认为政府干预市

场竞争能够互相促进，市场竞争能够正向调节政府干预机制的作用。

　　首先，从解决市场失灵角度分析，政府能够开启一种良性循环。第一百个创业企业的成功一定比第一个创业企业的成功更容易，而创业活动存在一定的集聚效应，所以政府干预能够起到开启创新创业活动的氛围（勒纳，2012）。待创业行业发展成熟后，再转入监管者的角色。杨敏利等（2014）研究表明，政府引导基金在创投成熟地区产生了"挤出效应"，但是在企业落后地区产生了引导作用，实现了良性循环。

　　其次，根据信息不对称理论，政府引导基金的进入能够缓解企业信息不对称，起到认证作用。政府引导基金的先行进入向外界传递了一个信号，有利于企业获得外部融资，缓解企业融资约束（杨大凯和李丹丹，2012）。此外，政府引导基金作为政策性基金，能够先于其他基金了解国家的政策方向，引导其他基金投向市场前景好、发展潜力大的企业，有利于吸引后续跟投者。边思凯和周亚虹（2020）以投中集团数据库提供的2006 年至 2018 年融资事件为样本，研究了民营创投在政府引导基金参与企业融资前后的参与变化情况。发现政府引导基金不仅能在企业的融资当轮对民营创投起到引导作用，在后轮中对民营创投依然能起到引导作用。

　　再次，根据失败容忍理论，政府引导基金的失败容忍度高，有利于新创企业创新活动的开展。由于创新活动持续时间长、失败率高，独立风险资本的投资存在有偏性。政府引导基金属于政府资本，主要任务是培育创新创业，较少追求经济收益，更多看重社会收益。Manso（2011）研究表明，创投基金在短期内的失败容忍会在长期内换来企业的创新作为回报。Tian 和 Wang（2014）也证明了这一观点，即创投基金的失败容忍度越高，企业的创新产出越多。

　　最后，从激励理论分析，政府引导基金对其委托的外部风险投资机构存在良好的激励政策，使其有动力投资创新性强的活动。从风险补偿角度来看，激励能够打消投资者的担忧，从收益奖励角度来看，激励能够提高投资者的积极性。孟卫东等（2010）在激励理论框架下，通过对比亏损补偿（即控制风险）和收益补偿（即提高收益）对私人资本的带动作用，发现只有当创业投资基金的期望收益不足以吸引私人资本时，政府资本对其补偿才有意义，且亏损补偿的效果优于收益补偿。

　　基于上述理论分析，本章提出研究假设 4.1：政府引导基金的投资促进了企业的创新投入和创新产出的增加。

二、政府引导基金对企业创新的抑制作用

然而，部分学者研究认为政府引导基金参与市场操作是一种"替代观"。即市场竞争会弱化政府干预机制的作用，产生负向的调节作用。

首先，政府引导基金的运作方式是委托外部风险投资机构管理，而风险投资机构需要不断募资和投资，以实现风险投资循环。每次募资后，风险投资机构都要面临投资人对业绩要求的压力以及下轮次募资的压力（黄福广 等，2021）。因此，风险投资机构为了业绩会产生短视行为，更多追求经济收益。投入企业时间短或在企业上市前阶段进入，与企业进行长时间的创新活动目标相冲突，不利于企业创新活动的开展（张永明 等，2018）。

其次，政府引导基金的低经济收益会对社会资本产生"挤出效应"，导致支持创新项目的总体资本量下降。同时，也会对企业层面的融资产生"挤出效应"。从市场层面分析，Armour 和 Cumming（2006）对全球 15 个国家的风险投资数据进行研究，结果发现国有风险资本在市场层面上阻碍了民营风险资本的发展，扰乱了风险投资的市场行为。从企业层面分析，Cumming 和 Macintosh（2007）对加拿大数据进行研究，结果发现国有风险投资降低了企业可获得的风险投资金额，对民营风险资本产生了一定程度的"挤出效应"。综合以上，Brander et al.（2010）从市场层面和企业层面两方面进行研究，结果发现在企业层面，国有风险资本挤占了民营风险资本，但是在风险资本市场层面的影响并不严重。

最后，政府引导基金的非灵活性也会对创新产生抑制作用。政府引导基金的投资规模大小会对企业创新产生影响，规模小可能无法产生作用，规模大可能产生"挤出效应"（勒纳，2012）。而政府引导基金在设立时会对规模作出具体规定，包括政府出资和私人资本的配比，成立后对企业的投资金额也都有具体的规定，不会因为项目的变化而随机应变。政府行为的典型特点是行政化，因此在与被委托风险投资机构签订合同时便规定了相关的权利和义务。但是新创企业的特点是不确定性高，合同无法预知未来的变化，而政府却认为这种变化是偏离计划的信号，不仅不及时改变，还存在惩罚的可能性。因此政府的非灵活性会降低对企业创新的促进作用。

基于上述理论分析，本章提出研究假设 4.2：政府引导基金的投资抑制了企业的创新投入和创新产出的增加。

第二节　研究设计

一、研究样本与数据来源

本书的研究样本使用的是新三板，新三板是我国在探索多层次资本市场体系发展过程中产生的独具特色的板块之一。2017 年 3 月，政府工作报告中首次提到了积极发展新三板，并肯定了其在多层次资本市场体系内的定位和内涵。新三板企业数量多且以中小企业为主，对风险资本需求大。使用该板块作为研究样本能规避以上市公司如主板和中小板等为样本产生的幸存者偏差问题，也能规避以未上市企业为样本的数据披露不完整问题。因此本章及后续章节使用的样本都是新三板。

由于新三板在 2012 年 9 月注册成立，在此之前的数据信息披露不完整，所以本章使用 2013—2019 年新三板挂牌企业为样本，但不包括如下企业：①金融类（银行、证券、保险及其他金融类企业）与房地产企业，因为金融类企业的财务准则与一般制造业企业的财务准则不同，相关信息的可比性较弱；②标识为 ST 及＊ST 类企业，因为该类企业面临退市风险，财务信息可能不准确；③财务信息、公司治理信息异常或缺失的企业，信息缺失会影响实证结果的可靠性。整理完成后最终获得 7 708 家企业从 2013—2019 年共 31 998 个企业年样本数据。

本章样本中政府引导基金数据来自清科数据库私募通（PEdata），风险投资机构数据来自投中数据库（CVSource），企业专利数据来自色诺芬新三板专利库（CCER），企业研发数据来自万得数据库（Wind），财务数据来自万得数据库。同时部分来自笔者手工搜集和整理。为了克服极端值的影响，本章对连续变量前后各 1% 进行了 Winsorize 缩尾处理。

二、变量定义

（一）因变量

本书因变量主要为企业创新投入和创新产出，其中创新投入参考已有文献使用企业总的研发费用来衡量（张慧雪 等，2020）。在稳健性检验中也使用企业研发费用占营业收入之比代表企业创新投入（黄福广和王建业，2019）。创新产出使用企业申请的专利总数和发明专利申请数量来衡量（Tian and Wang，2014；陈思 等，2017；沈毅 等，2019）。具体为当年所有专利申请数加 1 取对数为总体专利产出，当年发明专利申请数加 1 取对数为发明专利产出。在稳健性检验中，也使用发明专利与专利总数之比进行替换（张慧雪 等，2020）。

（二）自变量

现有研究对政府引导基金的衡量主要使用"是否获得政府引导基金投资"的虚拟变量（杨敏利 等，2017；程聪慧和王斯亮，2018），虚拟变量能代表政府引导基金的存在性。在清科数据库中，只有关于政府引导基金投资企业的数据的变量比较完整，因此本书也借鉴前人研究，自变量设置为"政府引导基金是否参与企业投资"，该变量为虚拟变量。

（三）控制变量

1. 企业特征变量

关于企业特征变量，借鉴已有文献（Tian and Wang，2014；陈思 等，2017；沈毅 等，2019），本书选取企业规模、企业资产负债率、企业年龄、企业成长性、企业盈利能力、有形资产占比作为控制变量。

2. 公司治理变量

除了公司财务指标特征变量，本书衡量了公司治理结构指标。对股权结构的变量，本书选取前十大股东持股比例之和来衡量。董事会结构变量选取董事会规模来衡量（沈毅 等，2019）。

3. 其他变量

其他变量包括机构投资者持股比例、企业所在行业和企业所在地区的省份（张慧雪 等，2020）。

主要因变量、自变量和控制变量的具体说明如表 4-1 所示。

表 4-1　主要变量及说明

变量类型	变量名称	变量符号	变量选取
因变量	创新投入	lnrd	企业研发费用的对数值
	创新产出（总专利数）	lnpatent	所有专利申请数加 1 取对数
	创新产出（发明专利数）	lninvention	发明专利申请数加 1 取对数
自变量	政府引导基金	ggf	企业获得政府引导基金投资为 1，否则为 0

表4-1(续)

变量类型	变量名称	变量符号	变量选取
控制变量	企业规模	firmsize	企业总资产的自然对数
	企业盈利能力	roa	企业息税前利润/总资产
	企业负债率	lev	企业总负债/总资产
	企业成长性	growth	企业营业收入增长率
	企业有形资产比例	tangibility	企业有形资产/总资产
	企业年龄	firmage	企业成立年份到样本年份的年数加1
	股权集中度	tenshare	企业前十大股东持股比例之和
	董事会规模	board	企业董事会人数
	机构持股比例	institution	企业机构持股比例之和
	企业所在地	region	企业所在地省份
	年份	year	年份虚拟变量
	行业	ind	按《证监会上市公司行业分类(2012修订)》的行业门类设置虚拟变量

三、实证模型

因为政府引导基金投资企业的数据量较少，而新三板挂牌企业数据量多，因此该数据样本适合用倾向得分匹配法进行研究（袁蓉丽 等，2014）。将有政府引导基金投资的342家企业作为实验组，将新三板其余企业作为控制组，使用倾向得分匹配法进行匹配。借鉴 Abadie et al.（2004）的研究，在控制组样本量比较大的情况下建议进行1比4匹配，在一般情况下可最小化均方误差。因此本书使用1比4进行匹配，其中处理变量为有无政府引导基金投资，协变量为企业规模、企业负债率、盈利能力、成长性、企业年龄、董事会规模、有形资产比例、股权集中度、机构持股比例、企业所在地、企业所在行业和年份，结果变量为企业的创新投入，使用 logit 估计倾向得分，删除重复值后共获得5 013个企业年数据样本。

为了检验政府引导基金投资对企业创新投入和创新产出的影响，设立模型（4.1）。

$$\text{lnrd}_{i,t}/\text{lnpatent}_{i,t/\text{lninvention}\,i,t} = \alpha_0 + \alpha_1 \text{ggf}_{i,t} + \alpha_2 \text{ controls}_{i,t} + \text{indFE} +$$
$$\text{yearFE} + \varepsilon_{i,t} \qquad (4.1)$$

其中因变量 $\text{lnrd}_{i,t}$ 为企业 i 当年的研发支出总额，$\text{lnpatent}_{i,t}$ 为企业 i 当年的专利申请总数，$\text{lninvention}_{i,t}$ 为企业 i 当年的发明专利申请总数。自变量 $\text{ggf}_{i,t}$ 表示企业 i 当年是否获得政府引导基金投资，若"是"该变量为 1，否则为 0。因变量是连续变量，自变量是 0-1 虚拟变量，采用最小二乘法进行回归，并控制行业和年份固定效应。$\text{controls}_{i,t}$ 为控制变量，包括企业规模、企业年龄、盈利能力、资产负债率、成长性和有形资产比例，同时包括公司治理特征的股权集中度、董事会规模和机构持股比例合计。回归系数中，α_0 为常数项，α_1 为解释变量回归系数，α_2 为控制变量回归系数，ε 为误差项。

第三节　全样本分布分析

一、样本描述性统计

（一）自变量分布特征

本章研究样本从 2013—2019 年一共 5 013 个，研究样本企业中政府引导基金投资企业年份分布见表 4-2。可以看出，获得政府引导基金投资企业除 2013 年占比高达 30.43% 和 2014 年占比低为 17.70% 以外，其余年份占比均在 20% 至 30%，各年份的占比比较均衡，总体政府引导基金占所有企业的比值为 23.92%。

表 4-2　新三板获得政府引导基金投资的年份分布

年份	获得政府引导基金投资的企业个数	当年企业总数	政府引导基金企业占比
2013	7	23	30.43%
2014	20	113	17.70%
2015	106	390	27.18%
2016	188	807	23.30%
2017	253	1 126	22.47%
2018	298	1 291	23.08%

表4-2(续)

年份	获得政府引导基金投资的企业个数	当年企业总数	政府引导基金企业占比
2019	327	1 263	25.89%
总计	1 199	5 013	23.92%

按照行业对企业获得政府引导基金投资的分布进行分析，详见表4-3。中国证监会于2012年10月26日废止了2001年公布的《上市公司行业分类指引》，并公布了《证监会上市公司行业分类（2012修订）》，本书按照此行业分类标准中的门类对研究样本进行分析和统计。

表4-3 新三板获得政府引导基金的行业分布

行业	获得政府引导基金投资的企业个数	当年企业总数	政府引导基金企业占比
农、林、牧、渔业	33	142	23.24%
采矿业	0	10	0
制造业	586	2 410	24.32%
电力、热力、燃气及水生产和供应业	8	70	11.43%
建筑业	29	178	16.29%
批发和零售业	25	184	13.59%
交通运输、仓储和邮政业	8	86	9.30%
住宿和餐饮业	4	21	19.05%
信息传输、软件和信息技术服务业	330	1 109	29.76%
租赁和商务服务业	36	229	15.72%
科学研究和技术服务业	25	205	12.20%
水利、环境和公共设施管理业	32	107	29.91%
居民服务、修理和其他服务业	0	8	0
教育	4	34	11.76%
卫生和社会工作	10	36	27.78%
文化、体育和娱乐业	69	175	39.43%
综合	0	9	0
总计	1 199	5 013	23.92%

从政府引导基金投资的企业行业分布的绝对数量来看，对制造业投资的数量最多，高达586个；对信息传输、软件和信息技术服务业投资的数

量排第二位，数量为 330 个；排名第三的是文化、体育和娱乐业，为 69 个。政府引导基金的设立目标包括支持高科技行业的发展，根据 2016 年科技部发布的《高新技术企业认定办法》，结合我国高科技企业年鉴，核对 2012 年证监会的行业分类指引，将医药制造业（C27）、航空航天制造业（C37）、计算机—通信和其他电子设备制造业（C39）、仪器仪表制造业（C40）、信息传输—软件和信息技术服务业（I）及科学研究和技术服务业（M）认定为高科技行业。因此从绝对值数量上看，政府引导基金投资的企业基本达到了支持高科技行业的目标。从相对值比重上看，政府引导基金投资占比比较大的为文化、体育和娱乐业，水利、环境和公共设施管理业以及信息传输、软件和信息技术服务业，与政府大力推进文化产业精神文明建设、提高我国生态环境的方针相符合。

（二）因变量与控制变量分布特征

表 4-4 给出了各变量的描述性统计结果。由此表可以看出，因变量创新投入的均值为 5.536，创新投入最低的企业为 0，而最高的企业为 8.438，标准差为 2.559，说明各企业之间创新投入差距很大。在创新产出方面，专利总数的均值 1.861，大约为 5.43 个，发明专利总数的均值为 1.380，大约为 2.97 个，与程聪慧和王斯亮（2018）的研究数据比较接近。

表 4-4　变量描述性统计

变量符号	样本量	均值	最小值	25分位数	中位数	75分位数	最大值	标准差
lnrd	5 013	5.536	0.000	5.276	6.406	7.143	8.438	2.559
lnpatent	2 302	1.861	0.693	1.099	1.792	2.398	4.234	0.848
lninvention	1 753	1.380	0.693	0.693	1.099	1.792	3.829	0.715
ggf	5 013	0.239	0	0	0	0	1	0.427
firmsize	5 013	5.360	2.082	4.596	5.378	6.128	7.639	1.127
firmage	5 013	13.456	4.000	9.000	13.000	17.000	28.000	5.182
lev	5 013	35.126	2.874	19.881	33.605	48.308	85.603	19.312
roa	5 013	3.574	-46.673	0.339	5.367	10.841	44.594	13.934
growth	5 013	17.692	-77.529	-8.717	9.822	31.081	286.833	54.669
tangibility	5 013	55.728	5.833	41.544	56.462	71.429	94.536	20.636
board	5 013	6.155	5.000	5.000	5.000	7.000	9.000	1.441
tenshare	5 013	85.208	48.800	76.440	88.590	98.030	100.000	14.116
institution	5 013	43.360	0.000	16.783	40.234	68.308	100.000	31.612

企业特征方面，企业规模均值为 5.360，标准差为 1.127，表明各企业规模的大小存在一定差异。企业年龄的平均值为 13.456，最小值为 4，最大值为 28，标准差为 5.182，表明各企业年龄之间相差很大。企业资产负债率均值为 35.126%，表明各企业的债务融资达到 35% 以上。对于盈利性而言，企业的总资产收益率均值为 3.574%，最大值为 44.594%，最小值为 -46.673%，标准差为 13.934。由此可以看出，各企业之间盈利能力差异较大，有的企业甚至负盈利，原因可能是企业所处的行业、阶段和地区等不同。企业的成长性方面，各企业年均营业收入增长率均值为 17.692%，表明新三板企业成长能力较好。企业的有形资产占比均值为 55.728%，最高的企业该比率达到了 94.536%，最低的仅为 5.833%，中位数为 56.462%，中位数与均值接近。

公司治理特征方面，前十大股东持股比例平均值为 85.208%，表明股权集中度较高。董事会结构方面，董事会规模均值为 6.155，最小值和中位数都是 5，最大值为 9，表明董事会规模介于 5 至 9 人之间。对于机构投资者持股而言，平均值为 43.360%，最大值为 100%，最小值为 0，各企业机构持股比例相差较大。

二、样本 T 检验

将有政府引导基金投资的企业样本与没有政府引导基金投资的企业样本分成两组，对两组数据的研发投入、研发产出及企业特征进行均值 t 检验，具体结果详见表 4-5。

表 4-5　均值 t 检验结果

变量符号	ggf = 0	ggf = 1	t 值
lnrd	5.386	6.014	-7.998***
lnpatent	1.849	1.892	-1.067
lninvention	1.341	1.477	-3.423***
firmsize	5.329	5.460	-3.638***
firmage	13.421	13.570	-0.894
lev	35.306	34.552	1.215
roa	3.699	3.176	1.089

表4-5(续)

变量符号	ggf=0	ggf=1	t 值
growth	17.454	18.446	−0.558
tangibility	55.555	56.279	−1.113
board	6.099	6.330	−4.779 ***
tenshare	85.607	83.940	3.704 ***
institution	43.297	43.561	−0.280

注：* 表示在10%水平上显著，** 表示在5%水平上显著，*** 表示在1%水平上显著，下同。

从 t 检验结果可知，有政府引导基金投资组的研发投入均值为 6.014，未获得政府引导基金投资组的研发投入均值为 5.386，两者相差 0.628 且在 1% 水平上显著，说明有政府引导基金投资组的研发投入更高。对于创新产出而言，有政府引导基金投资组的总专利数量均值为 1.892，未获得政府引导基金投资组的专利总数均值为 1.849，虽然获得政府引导基金投资组的专利总数略高，但二者结果差异不显著。在发明专利数量方面，有政府引导基金投资组的均值是 1.477，未获得政府引导基金投资组的均值是 1.341，表明有政府引导基金投资组的企业发明专利产出数量更多，二者在 1% 水平上显著。

就企业特征方面而言，有政府引导基金投资组的企业规模更大，均值为 5.460，无政府引导基金投资组的均值为 5.329，二者的差异在 1% 水平上显著。对于企业年龄而言，有政府引导基金投资组的企业年龄更大，均值为 13.570，无政府引导基金投资组的企业年龄为 13.421，二者差异不显著。对于资产负债率而言，有政府引导基金投资组的均值更低，为 34.552%，无政府引导基金投资组的均值为 35.306%，二者差异不显著。对于企业盈利能力而言，有政府引导基金投资组的企业盈利性更差，均值为 3.176%，无政府引导基金投资组的均值为 3.699%，二者差异不显著。对于成长性而言，有政府引导基金投资组的企业成长性更好，均值为 18.446%，无政府引导基金投资组的企业均值为 17.454%，二者差异不显著。对于有形资产占比而言，有政府引导基金投资组的有形资产占比更大，均值为 56.279%，无政府引导基金投资组的均值为 55.555%，二者差异不显著。

就企业的公司治理特征方面来看，有无政府引导基金投资的企业在董事会规模方面存在显著差异，有政府引导基金投资组的董事会规模均值为 6.330，无政府引导基金投资组的董事会规模均值为 6.099，二者差异在 1% 水平上显著。对于前十大股东持股比例变量，有政府引导基金投资组的前十大股东持股比例显著低于无政府引导基金投资组的前十大股东持股比例，二者均值分别是 83.940% 和 85.607%，二者差异在 1% 水平上显著，说明无政府引导基金投资组的企业股东集中度更高。对于机构持股比例而言，有无政府引导基金投资的企业二者差异不显著，有政府引导基金投资的企业机构持股比例为 43.561%，无政府引导基金投资的企业机构持股比例为 43.297%，表明无政府引导基金持股的企业机构持股比例略低于有政府引导基金投资的企业。

第四节　实证分析及结果回归

一、变量间相关性分析

对本章分析的主要因变量、自变量和控制变量做相关性检验，Pearson 相关系数检验结果详见表 4-6。从表 4-6 可以看出，自变量政府引导基金投资与企业研发投入相关系数是 0.105，二者在 1% 水平上显著，与创新产出的总专利数量相关关系不显著，与发明专利在 1% 水平上显著正相关，二者系数是 0.085。表明引导基金投资的企业研发投入更多，发明专利产出更多，总专利数量不多。

自变量政府引导基金投资与各控制变量相关关系方面，政府引导基金投资与企业规模在 1% 水平上显著正相关，二者系数是 0.050，这与均值 t 检验的结果一致，说明政府引导基金投资的企业规模大。政府引导基金投资与企业的董事会规模显著正相关，二者系数是 0.068，在 1% 水平上显著，与均值 t 检验的结果一致，说明政府引导基金投资的企业董事会规模更大。政府引导基金投资与企业的前十大股东持股比例均在 1% 水平上显著负相关，系数是 -0.050，与均值 t 检验结果一致，表明无政府引导基金投资的企业股权集中度更高。

两类因变量之间，研发投入与创新产出的总专利数量在 1% 水平上显著正相关，相关系数是 0.103。研发投入与创新产出的发明专利数量在 1% 水平上显著正相关，相关系数是 0.190。这表明企业的研发投入越高，创新产出也越高。

因变量与各控制变量之间，对于研发投入而言，研发投入与企业规模之间在1%水平上显著正相关，二者的相关系数是0.180，表明企业规模越大，研发投入越多。研发投入与企业年龄之间在1%水平上显著正相关，二者的相关系数是0.098，表明企业成立时间越长，研发投入越多。研发投入与企业盈利能力之间在1%水平上显著正相关，二者的相关系数是0.094，表明企业的盈利能力越强，研发投入越多。企业的研发投入与企业的董事会规模之间在1%水平上显著正相关，二者相关系数是0.155，表明企业董事会规模越大，研发投入越多。企业的研发投入与企业的前十大股东持股比例在1%水平上显著负相关，二者的相关系数是-0.103，表明企业的股权集中度越高，企业研发投入越少。企业的研发投入与企业的机构持股比例在1%水平上显著负相关，二者的相关系数是-0.045，表明企业的机构持股比例越高，企业的研发投入越少。对于专利总产出而言，企业的专利总数与企业规模在1%水平上显著正相关，二者的相关系数是0.164，表明企业规模越大，专利总产出越多。企业的专利总数与企业年龄在5%水平上显著负相关，二者的系数是-0.046，表明企业的年龄越大专利总产出越少，原因可能是新创企业的专利产出才更多。企业的专利总数与企业资产负债率在5%水平上显著正相关，二者系数是0.047，表明企业的资产负债率越高，企业的专利总产出越多，原因可能是企业通过举债进行专利研发。企业的专利总产出与企业的盈利能力在1%水平上显著正相关，二者的系数是0.068，表明企业的盈利能力越强专利总产出越多。企业的专利总产出与企业的董事会规模在1%水平上显著正相关，二者系数是0.106，表明企业的董事会规模越大，专利总产出越多。企业的专利总产出与企业的前十大股东持股比例在5%水平上显著负相关，二者的系数是-0.044，表明企业的股权集中度越高企业的专利总产出越少。对于企业的发明专利而言，企业的发明专利与企业规模在1%水平上显著正相关，二者的相关系数是0.161，表明企业规模越大，发明专利产出越多。企业的发明专利与企业年龄在10%水平上显著负相关，二者的系数是-0.046，表明企业的年龄越大，发明专利产出越少，原因可能是新创企业的专利产出才更多。企业的发明专利与企业的盈利能力在10%水平上显著正相关，二者的系数是0.043，表明企业的盈利能力越强，发明专利产出越多。企业的发明专利与企业的董事会规模在1%水平上显著正相关，二者系数是

0.134，表明企业的董事会规模越大，发明专利产出越多。企业的发明专利与企业的前十大股东持股比例在 1% 水平上显著负相关，二者的系数是 -0.049，表明企业的股权集中度越高，企业的发明专利产出越少。

总的来看，除了两个因变量专利总数和发明专利数量之间相关系数为 0.726、企业有形资产占比与企业资产负债率之间相关系数为 0.874（原因是企业有形资产大多通过举债进行购买），其余两两变量之间相关系数都小于 0.5，表明存在共线性的可能性小。但是以上相关性回归结果只能作为相关关系分析的初步判断，关于具体关系仍以回归结果为主。

表4-6　变量相关系数表（表格格式不整齐）

	lnrd	lnpatent	lninvention	ggf	firmsize	firmage	lev
lnrd	1.000						
lnpatent	0.103***	1.000					
lninvention	0.190***	0.726***	1.000				
ggf	0.105***	0.022	0.085***	1.000			
firmsize	0.180***	0.164***	0.161***	0.050***	1.000		
firmage	0.098***	-0.046**	-0.046*	0.012	0.279***	1.000	
lev	-0.005	0.047**	0.022	-0.017	0.307***	0.098***	1.000
roa	0.094***	0.068***	0.043*	-0.016	0.260***	0.066***	-0.033**
growth	0.011	0.013	0.034	0.008	-0.003	-0.101***	0.032**
tangibility	0.021	-0.026	-0.022	0.015	-.243***	-0.054***	-.874***
board	0.155***	0.106***	0.134***	0.068***	0.406***	0.166***	0.022
tenshare	-0.103***	-0.044**	-0.049***	-.050***	-.327***	-0.184***	0.019
institution	-0.045***	-0.005	0.023	0.004	0.083***	-0.067***	0.031**

	roa	growth	tangibility	board	tenshare	insititution
roa	1.000					
growth	0.201***	1.000				
tangibility	0.113***	-.050***	1.000			
board	0.058***	-0.023	-0.007	1.000		
tenshare	0.064***	0.025*	0.008	-.258***	1.000	
institution	-0.006	-0.005	-0.031**	-0.003	0.356***	1.000

二、回归结果与分析

(一) 政府引导基金投资对企业研发投入的回归结果

对模型 (4.1) 进行回归，因变量为企业研发投入，首先仅用自变量是否由政府引导基金投资进行纯净回归，然后添加相关控制变量，最后添加行业和年份固定效应，回归结果见表4-7第 (1) — (3) 列。

从表4-7第 (1) 列结果可以看出，在未加入任何控制变量的情况下，政府引导基金投资与企业创新投入在1%水平上显著正相关，二者的回归系数是0.670。第 (2) 列结果显示加入相关控制变量后，政府引导基金投资与企业研发投入在1%水平上显著正相关，二者的回归系数是0.422。第 (3) 列加入相关控制变量和行业与年份固定效应后，政府引导基金与企业研发投入在1%水平上显著正相关，二者的回归系数是0.298。由此可以看出，无论是否添加控制变量或固定效应，政府引导基金投资与企业研发投入都存在显著的正相关关系。因此表4-7第 (1) — (3) 列的结果验证了部分假设4.1，即政府引导基金投资促进了企业创新投入。

控制变量方面，第 (3) 列回归结果显示，企业规模与研发投入在1%水平上显著正相关，二者的回归系数是0.546，说明企业的规模越大企业研发投入越多。企业董事会规模与研发投入在1%水平上显著正相关，二者的回归系数是0.060，说明企业的董事会规模越大企业的研发投入越多，上述结果与相关关系系数的结果保持一致。

(二) 政府引导基金投资对企业专利产出的回归结果

将企业专利产出作为因变量，重新对模型 (4.1) 进行回归。首先仅用自变量政府引导基金投资进行回归，然后添加控制变量和年份、行业固定效应，回归结果见表4-7第 (4) — (9) 列。

对于企业的专利总数而言，从表4-7第 (4) — (6) 列可以看出，在不加入任何控制变量、年份和行业固定效应的情况下，政府引导基金投资与企业专利总产出无显著相关关系。加入相关控制变量和年份及行业固定效应后，第 (6) 列的回归结果显示，政府引导基金投资与企业专利总数在10%水平上显著正相关，二者的回归系数是0.067。对于企业的发明专利而言，第 (7) 列未加入任何控制变量的纯净回归显示，政府引导基金投资与企业的发明专利产出在1%水平上显著正相关，二者的回归系数是0.135。第（8）列加入控制变量，政府引导基金投资与企业的发明专利产出在1%水平上显著正相关，二者的回归系数是0.105。

第（9）加入控制变量和行业与年份固定效应后，政府引导基金投资与企业发明专利产出在1%水平上显著正相关，二者的回归系数是0.118。因此表4-7第（4）—（9）列的结果验证了部分假设4.1，即政府引导基金投资促进了企业创新产出。

控制变量方面，第（6）列回归结果显示，企业规模与企业专利总数在1%水平上显著正相关，二者的回归系数是0.160，说明企业的规模越大，企业专利总产出越多。企业年龄与专利总产出在1%水平上显著负相关，二者的回归系数是-0.013，说明企业的年龄越大，企业的专利总数越少，可能新创企业更容易产生专利。企业董事会规模与专利总数在10%水平上显著正相关，二者的回归系数是0.022，说明企业的董事会规模越大，企业的专利总数越多。第（9）列回归结果显示，企业规模与企业发明专利在1%水平上显著正相关，二者的回归系数是0.126，说明企业的规模越大，企业发明专利越多。企业年龄与发明专利在1%水平上显著负相关，二者的回归系数是-0.011，说明企业的年龄越大，企业的发明专利越少，可能新创企业更容易产生专利。企业董事会规模与专利总数在1%水平上显著正相关，二者的回归系数是0.037，说明企业的董事会规模越大，企业的发明专利越多。上述结果与相关关系系数的结果保持一致。

表4-7 政府引导基金对企业研发投入和专利产出影响的回归结果

	(1) lnrd	(2) lnrd	(3) lnrd	(4) lnpatent	(5) lnpatent	(6) lnpatent	(7) lninvention	(8) lninvention	(9) lninvention
ggf	0.670*** (6.619)	0.422*** (4.094)	0.298*** (3.452)	0.043 (1.067)	0.028 (0.692)	0.067* (1.738)	0.135*** (3.423)	0.105*** (2.724)	0.118*** (3.044)
firmsize		0.451*** (8.613)	0.546*** (12.738)		0.138*** (5.950)	0.160*** (6.990)		0.108*** (4.689)	0.126*** (5.404)
firmage		0.043*** (4.521)	-0.002 (-0.241)		-0.017*** (-4.742)	-0.013*** (-3.723)		-0.013*** (-3.904)	-0.011*** (-3.203)
lev		0.000 (0.016)	0.000 (0.012)		0.003 (1.383)	0.002 (0.884)		-0.002 (-0.600)	-0.000 (-0.109)
roa		-0.002 (-0.726)	0.001 (0.299)		0.003* (1.819)	0.002 (0.990)		0.001 (0.853)	0.001 (0.542)
growth		-0.000 (-0.376)	0.000 (0.231)		-0.000 (-0.234)	0.000 (0.060)		0.000 (0.737)	0.000 (0.365)
tangibility		0.004 (0.969)	0.001 (0.290)		0.003 (1.299)	0.002 (0.874)		-0.001 (-0.354)	-0.001 (-0.231)
board		0.071*** (2.821)	0.060*** (2.724)		0.029** (2.126)	0.022* (1.742)		0.038*** (2.866)	0.037*** (2.750)
tenshare		-0.000 (-0.095)	-0.000 (-0.073)		0.000 (0.022)	0.002 (1.162)		0.000 (0.044)	0.001 (0.472)

表4-7（续）

	(1) lnrd	(2) lnrd	(3) lnrd	(4) lnpatent	(5) lnpatent	(6) lnpatent	(7) lninvention	(8) lninvention	(9) lninvention
institution		-0.002** (-2.004)	-0.001 (-1.339)		-0.001 (-1.063)	-0.001 (-0.994)		0.000 (0.230)	0.000 (0.054)
region		0.003 (0.574)	0.004 (0.962)		-0.002 (-0.791)	-0.002 (-1.179)		-0.002 (-1.108)	-0.001 (-0.606)
_cons	5.306*** (108.004)	1.862*** (3.441)	-2.180** (-2.500)	1.849*** (90.150)	0.912*** (3.374)	0.603 (1.490)	1.341*** (68.934)	0.804*** (2.788)	0.596* (1.790)
Industry	No	No	Yes	No	No	Yes	No	No	Yes
Year	No	No	Yes	No	No	Yes	No	No	Yes
adj. R^2	0.011	0.050	0.411	0.001	0.037	0.142	0.007	0.041	0.085
N	5 013	5 013	5 013	2 302	2 302	2 302	1 753	1 753	1 753

三、进一步分析

根据政府引导基金的政策目标和学者们的研究文献，本书基于新三板企业的规模大小、是否为国企以及是否属于新三板的创新层这三个维度对企业分样本进行回归分析。对于企业规模的大小而言，小规模企业大多为新成立企业，信息不对称程度高，政府引导基金的投资更容易通过认证作用促进企业创新。对于企业是否为国企而言，因为政府引导基金和国有企业同为政府背景，能够减少代理问题，更有利于企业创新。对于企业是否处于新三板的创新层而言，2016 年新三板开始出现分层制度，新三板挂牌企业分为创新层和基础层，创新层相比于基础层对企业的各方面要求更高，尤其是财务方面的标准更为严格（叶小杰和贾昊阳，2020）。实行分层制度可以在交易制度、发行制度、信息披露等制度供给方面进行差异化安排，最终保证新三板持续且健康发展，因此政府引导基金投资创新层企业更有利于企业创新。

1. 基于企业规模的子样本分析

根据企业规模大小将样本分为两组，以企业规模的中位数为标准进行划分，位于中位数以上的属于大规模企业，位于中位数以下的属于小规模企业。使用模型（4.1）进行回归检验，因变量为企业研发投入与专利产出，自变量和其他控制变量与主回归一致，回归结果详见表 4-8。

由表 4-8 的结果可以看出，政府引导基金对大规模和小规模的研发投入均有促进作用，大规模企业政府引导基金投资对研发投入的影响系数为0.258，在 1%水平上显著正相关，小规模企业政府引导基金投资对研发投入的影响系数为 0.281，在 1%水平上显著正相关。就专利产出而言，政府引导基金的投资对小规模企业的专利总产出无显著性影响，但是对大规模企业，政府引导基金投资对企业的专利产出在 5%水平上显著正相关，二者的回归系数是 0.124。就发明专利而言，政府引导基金的投资对大规模企业的发明专利产出有显著影响，二者系数为 0.202，在 1%水平上显著正相关。因此，表 4-8 的回归结果表明政府引导基金的投资对企业研发投入的促进作用与企业规模大小无关，但是政府引导基金对专利总数和发明专利的促进作用在大规模企业中更显著。

表 4-8　政府引导基金对企业创新影响的回归结果：基于企业规模分组

	小规模	大规模	小规模	大规模	小规模	大规模
	lnrd	lnrd	lnpatent	lnpatent	lninvention	lninvention
ggf	0.281***	0.258***	−0.001	0.124**	0.022	0.202***
	(3.328)	(2.849)	(−0.016)	(2.274)	(0.388)	(3.790)
firmsize	0.737***	0.260***	0.180***	0.200***	0.141***	0.200***
	(11.079)	(3.128)	(3.706)	(4.171)	(2.668)	(4.111)
firmage	−0.009	−0.011	−0.014**	−0.013***	−0.016***	−0.009*
	(−1.105)	(−1.192)	(−2.552)	(−2.593)	(−2.982)	(−1.736)
lev	0.002	−0.020***	−0.002	0.011**	−0.003	0.007
	(0.533)	(−3.102)	(−0.879)	(2.487)	(−0.934)	(1.536)
roa	−0.000	0.016***	0.001	0.007*	−0.000	0.004
	(−0.054)	(3.182)	(0.415)	(1.929)	(−0.052)	(1.162)
growth	0.001	0.000	0.000	−0.001	0.001	−0.001
	(1.585)	(0.023)	(0.648)	(−1.072)	(1.246)	(−0.945)
tangibility	0.003	−0.020***	−0.003	0.010***	−0.004	0.006
	(0.692)	(−3.515)	(−1.299)	(2.582)	(−1.251)	(1.403)
board	0.022	0.124***	0.017	0.016	0.051*	0.022
	(0.599)	(4.527)	(0.697)	(1.004)	(1.863)	(1.383)
tenshare	0.005	−0.006*	0.002	0.002	0.007***	−0.002
	(1.367)	(−1.825)	(1.057)	(0.768)	(2.836)	(−1.077)
institution	−0.002	0.001	−0.000	−0.001	−0.001*	0.001
	(−1.391)	(0.565)	(−0.567)	(−0.858)	(−1.708)	(1.280)
region	0.009**	−0.002	−0.003	−0.001	0.003	−0.003
	(1.974)	(−0.506)	(−0.874)	(−0.465)	(0.897)	(−1.023)
_cons	−4.278***	2.382**	0.582	−0.128	0.138	−0.208
	(−3.726)	(2.057)	(0.944)	(−0.200)	(0.236)	(−0.377)
Industry	Yes	Yes	Yes	Yes	Yes	Yes
Year	Yes	Yes	Yes	Yes	Yes	Yes
adj. R^2	0.380	0.445	0.124	0.138	0.035	0.112
N	2 505	2 508	1 021	1 281	730	1 023

2. 基于企业是否为国企的子样本检验

根据企业是否为国企将样本分为两组，使用模型（4.1）进行回归检验，因变量为研发投入与专利产出，自变量和其他控制变量与主回归一致，其中企业是否为国企在万得数据库中下载获得，回归结果详见表4-9。

由表4-9的回归结果可以看出，政府引导基金对国有企业的研发投入在5%水平上显著负相关，二者的回归系数是-0.686，表明政府引导基金的投资显著降低了国有企业的研发投入。政府引导基金的投资对非国有企业的研发投入有显著正向影响，二者在1%水平上显著正相关，回归系数是0.321，表明政府引导基金的投资显著提高了非国有企业的研发投入。对于创新产出而言，当政府引导基金投资国有企业时，无论是专利总数还是发明专利产出均无显著性影响。对于非国有企业，政府引导基金的投资对企业专利总数在10%水平上显著正相关，二者的回归系数是0.076。政府引导基金对于发明专利产出在1%水平上显著正相关，二者的回归系数是0.126。上述结果表明政府引导基金投资国有企业对专利总数产出无显著性影响，投资非国有企业能显著提高企业的专利总数和发明专利数量。

表4-9　政府引导基金对企业创新影响的回归结果：基于企业是否为国企分组

| | 国企 | 非国企 | 国企 | 非国企 | 国企 | 非国企 |
	lnrd	lnrd	lnpatent	lnpatent	lninvention	lninvention
ggf	−0.686**	0.321***	0.076	0.076*	0.138	0.126***
	(−2.014)	(5.380)	(0.255)	(1.931)	(0.413)	(3.164)
firmsize	0.271*	0.566***	0.145	0.162***	0.174*	0.126***
	(1.729)	(15.092)	(1.527)	(6.707)	(1.726)	(5.089)
firmage	−0.020	−0.011*	0.004	−0.014***	0.004	−0.012***
	(−0.881)	(−1.671)	(0.286)	(−3.708)	(0.236)	(−3.179)
lev	−0.006	−0.002	−0.001	0.002	0.008	−0.001
	(−0.364)	(−0.507)	(−0.051)	(0.915)	(0.456)	(−0.274)
roa	0.009	0.006**	0.017	0.001	0.006	0.001
	(0.753)	(2.447)	(1.492)	(0.478)	(0.444)	(0.482)
growth	−0.000	0.001	−0.001	0.000	0.001	0.000
	(−0.037)	(1.083)	(−0.364)	(0.102)	(0.452)	(0.334)
tangibility	−0.012	−0.002	−0.002	0.002	0.012	−0.001
	(−0.852)	(−0.497)	(−0.183)	(1.002)	(0.777)	(−0.404)
board	−0.061	0.088***	0.006	0.023*	0.126	0.033**
	(−0.710)	(4.072)	(0.103)	(1.743)	(1.601)	(2.421)
tenshare	−0.018	0.004	0.004	0.002	−0.003	0.001
	(−1.545)	(1.401)	(0.406)	(1.282)	(−0.243)	(0.455)
institution	0.006	−0.000	0.002	−0.001	0.003	−0.000
	(1.632)	(−0.301)	(0.537)	(−1.030)	(0.960)	(−0.056)
region	−0.034**	0.007**	0.010	−0.003	0.015	−0.002
	(−2.135)	(2.042)	(1.025)	(−1.435)	(1.478)	(−1.015)

表4-9(续)

	国企	非国企	国企	非国企	国企	非国企
	lnrd	lnrd	lnpatent	lnpatent	lninvention	lninvention
_cons	7. 390 ***	- 3. 441 ***	- 0. 351	0. 743 *	- 1. 394	0. 686 *
	(3. 261)	(- 3. 981)	(- 0. 248)	(1. 753)	(- 0. 833)	(1. 930)
Industry	Yes	Yes	Yes	Yes	Yes	Yes
Year	Yes	Yes	Yes	Yes	Yes	Yes
adj. R^2	0. 633	0. 403	0. 106	0. 149	0. 019	0. 084
N	385	4 626	147	2 155	116	1 637

3. 基于新三板企业的分层制度

根据企业是否在新三板的创新层将样本分为两组，使用模型（4.1）进行回归检验，因变量为研发投入与专利产出，自变量和其他控制变量与主回归一致，回归结果如表4-10所示。

从表4-10的回归结果可以看出，对于研发投入而言，政府引导基金投资基础层企业更能促进企业创新，二者的回归系数为0.294，在1%水平上显著。但是对于专利产出而言，政府引导基金投资创新层企业更能促进企业专利总量的产出和发明专利的产出。对于专利总数来说，政府引导基金投资对企业创新的影响在1%水平上显著正相关，二者的回归系数是0.237。对于发明专利来说，政府引导基金投资对企业的创新影响在1%水平上显著正相关，二者的回归系数是0.238。分析原因可能是创新层企业质量高，创新能力强，因此企业的专利产出更多。

表4-10 政府引导基金对企业创新影响的回归结果：基于企业是否在创新层分组

	创新层	基础层	创新层	基础层	创新层	基础层
	lnrd	lnrd	lnpatent	lnpatent	lninvention	lninvention
ggf	0. 103	0. 294 ***	0. 237 ***	- 0. 017	0. 238 ***	0. 063
	(0. 836)	(3. 934)	(2. 639)	(- 0. 364)	(2. 724)	(1. 317)
firmsize	0. 501 ***	0. 370 ***	0. 184 **	0. 151 ***	0. 264 ***	0. 096 ***
	(4. 899)	(7. 878)	(2. 574)	(5. 376)	(3. 303)	(3. 384)
firmage	- 0. 003	0. 008	0. 005	- 0. 018 ***	- 0. 002	- 0. 015 ***
	(- 0. 198)	(1. 090)	(0. 561)	(- 4. 466)	(- 0. 159)	(- 3. 781)
lev	- 0. 029 ***	0. 004	0. 009	0. 002	- 0. 009	0. 003
	(- 3. 498)	(1. 016)	(1. 331)	(0. 708)	(- 1. 098)	(1. 267)

表4-10(续)

	创新层 lnrd	基础层 lnrd	创新层 lnpatent	基础层 lnpatent	创新层 lninvention	基础层 lninvention
roa	0.003	0.007 **	−0.010 **	0.005 ***	−0.009 *	0.004 **
	(0.494)	(2.553)	(−2.201)	(2.598)	(−1.863)	(2.239)
growth	−0.000	0.002 ***	0.001	−0.000	0.003 ***	−0.000
	(−0.133)	(2.965)	(1.055)	(−0.773)	(3.288)	(−1.225)
tangibility	−0.030 ***	0.005	0.010	0.002	−0.005	0.003
	(−4.406)	(1.168)	(1.538)	(0.795)	(−0.645)	(1.272)
board	0.138 ***	0.084 ***	−0.026	0.038 **	−0.027	0.046 ***
	(3.661)	(3.052)	(−0.908)	(2.415)	(−0.853)	(2.868)
tenshare	0.002	−0.005	0.001	0.004 **	0.005	0.001
	(0.328)	(−1.567)	(0.324)	(2.430)	(1.142)	(0.602)
institution	−0.000	−0.001	−0.000	−0.001	−0.001	0.000
	(−0.153)	(−1.046)	(−0.008)	(−1.560)	(−0.534)	(0.184)
region	−0.010	0.001	0.001	−0.003	0.001	−0.002
	(−1.555)	(0.378)	(0.255)	(−1.178)	(0.241)	(−1.053)
_cons	2.713 **	1.067 *	−0.335	0.436	0.575	0.310
	(2.429)	(1.696)	(−0.348)	(1.288)	(0.557)	(0.910)
Industry	Yes	Yes	Yes	Yes	Yes	Yes
Year	Yes	Yes	Yes	Yes	Yes	Yes
adj. R^2	0.444	0.417	0.148	0.159	0.171	0.069
N	957	3 431	477	1 538	365	1 164

四、内生性问题

(一) 逆向因果

虽然基础的最小二乘法（OLS）回归结果与我们的假设相一致，但这些结论的得出可能存在内生性问题。政府引导基金对企业创新的影响可能存在逆向因果的内生性问题，即不是政府引导基金投资提高了企业创新，而是企业本身创新能力突出，政府引导基金选择了这类企业。为此，使用Heckman两步法对上述逆向因果问题加以解决。

借鉴余琰等（2014）的研究，第一步将因变量设为企业是否获得政府引导基金投资，自变量为企业是否为国有企业（ownership）、是否为高科技企业（tech）、是否处于风险资本发达地区（diqu），以及企业的成立年限、控制变量是否与主回归一致。通过第一阶段的模型求出逆米尔斯比率（IMR）。第二步，将逆米尔斯比率放入模型（4.1）中进行 Heckman 第二步回归。回归结果见表4-11。

表4-11是 Heckman 两阶段回归结果。第（1）列是第一阶段自选择回归，国有企业变量系数为负，且在 1% 水平上显著相关，二者的回归系数是 -0.429，说明政府引导基金倾向投资非国有企业。地区变量系数是负，且在 10% 水平上显著，二者回归系数是 -0.076，说明政府引导基金偏好投资风险资本落后地区。高科技企业变量系数为正，且在 1% 水平上显著正相关，二者的回归系数是 0.249，说明政府引导基金偏好投资高科技企业。第（2）至（4）列是第二阶段回归，逆米尔斯比率（IMR）在回归中部分显著，政府引导基金投资与企业研发投入、发明专利产出依然在 1% 水平上显著为正，系数分别是 0.346 和 0.105，且系数大小和符号均未发生明显改变，说明在控制样本选择性偏差后政府引导基金投资依然对企业的研发投入和发明专利产出有显著促进作用。

表4-11　政府引导基金对企业创新影响的回归结果：Heckman 两步法回归

	（1） 第一阶段	（2） 第二阶段	（3） 第二阶段	（4） 第二阶段
	ggf	lnrd	lnpatent	lninvention
ggf		0.346 ***	0.041	0.105 ***
		(4.713)	(1.057)	(2.699)
ownership	-0.429 ***			
	(-4.900)			
diqu	-0.076 *			
	(-1.847)			
tech	0.249 ***			
	(6.025)			
firmage	-0.002			
	(-0.465)			
IMR		-5.711 ***	0.015	-0.202
		(-19.124)	(0.109)	(-1.494)
firmsize	0.077 ***	0.140 ***	0.141 ***	0.095 ***
	(3.377)	(3.038)	(6.128)	(4.148)
lev	0.000	0.004	0.003	-0.002
	(0.105)	(0.871)	(1.364)	(-0.678)

表4-11(续)

	（1） 第一阶段	（2） 第二阶段	（3） 第二阶段	（4） 第二阶段
	ggf	lnrd	lnpatent	lninvention
roa	−0. 003 *	0. 022 ***	0. 002	0. 001
	(−1. 919)	(7. 440)	(0. 944)	(0. 748)
growth	0. 000	−0. 002 **	−0. 000	0. 000
	(0. 972)	(−2. 161)	(−0. 521)	(0. 542)
tangibility	0. 001	0. 001	0. 002	−0. 002
	(0. 562)	(0. 249)	(1. 103)	(−0. 715)
board	0. 039 ***	−0. 034	0. 028 **	0. 028 **
	(2. 650)	(−1. 232)	(2. 005)	(2. 041)
tenshare	−0. 002	0. 012 ***	0. 002	0. 001
	(−1. 243)	(3. 631)	(1. 502)	(0. 763)
institution	0. 001 *	−0. 006 ***	−0. 001	0. 000
	(1. 663)	(−4. 854)	(−1. 012)	(0. 255)
_cons	−1. 123 ***	8. 809 ***	0. 627	0. 997 ***
	(−2. 901)	(8. 828)	(1. 524)	(2. 653)
Year	Yes	Yes	Yes	Yes
adj. R^2	0. 021	0. 140	0. 093	0. 053
N	5 011	5 011	2 302	1 753

注：在第一阶段计算逆米尔斯比例时使用了"是否为高科技行业"变量，该变量与企业所在行业变量产生共线性。因此，在该回归模型中删除行业固定效应。

（二）变量测量

本章主回归关于因变量创新投入的测量使用的是研发费用总额，在稳健性检验中参考黄福广和王建业（2019）的研究，使用研发支出与销售收入占比来衡量（rdshouru）。关于发明专利的测量使用的是发明专利总数的自然对数，在稳健性检验中参考张慧雪等（2020）的研究，使用发明专利与专利总数之比来衡量（ratio）。继续使用模型（4.1）进行回归检验，自变量和其他控制变量与主回归一致，回归结果详见表4-12。

由表4-12的回归结果可以看出，无论是否增加控制变量及固定效应，政府引导基金投资对企业的研发投入都有显著正向影响，且均在1%水平上显著正相关，与主回归结论一致。对于企业的发明专利而言，除了加入固定效应不显著，其他情况下政府引导基金的投资对企业发明专利均有正向促进作用，与主回归结论一致。上述结果表明替换变量测量不影响原结论的稳健性。

表 4-12　政府引导基金对企业创新影响的回归结果：变换因变量的测量

	(1) rdshouru	(2) rdshouru	(3) rdshouru	(4) ratio	(5) ratio	(6) ratio
ggf	2.617***	2.476***	1.773***	0.049***	0.036**	0.009
	(4.593)	(4.943)	(3.479)	(2.753)	(2.022)	(0.526)
firmsize		-1.215***	-0.592**		0.005	-0.010
		(-5.017)	(-2.445)		(0.464)	(-1.034)
firmage		-0.095***	-0.132***		0.002	-0.001
		(-2.627)	(-3.744)		(1.053)	(-0.312)
lev		-0.325***	-0.310***		-0.004***	-0.001
		(-7.902)	(-7.397)		(-3.301)	(-1.343)
roa		-0.371***	-0.369***		-0.002***	-0.002**
		(-11.630)	(-11.705)		(-3.344)	(-2.556)
growth		-0.000	-0.003		0.000	0.000
		(-0.080)	(-0.450)		(1.593)	(1.165)
tangibility		-0.169***	-0.181***		-0.002**	-0.001
		(-4.329)	(-4.570)		(-2.241)	(-0.978)
board		0.142	0.045		-0.002	0.006
		(1.078)	(0.352)		(-0.309)	(1.208)
tenshare		0.021	0.026*		-0.000	-0.001
		(1.361)	(1.688)		(-0.096)	(-1.136)
institution		-0.007	-0.001		0.000	0.000
		(-1.077)	(-0.160)		(1.625)	(0.967)
region		-0.025	-0.036		-0.001	-0.001
		(-1.122)	(-1.561)		(-1.251)	(-0.833)
_cons	8.134***	36.133***	20.715***	0.590***	0.815***	0.703***
	(34.018)	(9.050)	(4.693)	(62.724)	(6.786)	(4.572)
Industry	No	No	Yes	No	No	Yes
Year	No	No	Yes	No	No	Yes
adj. R^2	0.005	0.215	0.287	0.004	0.016	0.245
N	5 013	5 013	5 013	1 753	1 753	1 753

（三）样本替换

1. 删除创新数据为 0 的样本

为了防止研发投入和创新产出为 0 的企业对回归结果产生干扰，在稳健性检验中把创新为 0 的研究样本删除（Moshirian F et al.，2021），使用模型（4.1）进行回归检验，因变量、自变量和其他控制变量与主回归一致，回归结果详见表 4-13。

由表 4-13 的回归结果可以看出，删除企业研发投入为 0 的数据样本后，政府引导基金投资对企业研发投入的影响与主回归基本一致，无论从经济显著性还是统计显著性分析都是显著正向影响，因此替换样本不会改变原结论的稳健性。

表 4-13　政府引导基金对企业创新影响的回归结果：删除研发投入为 0 的样本

	（1） lnrd	（2） lnrd	（3） lnrd
ggf	0.220 ***	0.137 ***	0.093 ***
	(5.395)	(3.879)	(2.838)
firmsize		0.543 ***	0.605 ***
		(27.218)	(32.647)
firmage		0.009 ***	0.006 *
		(2.777)	(1.800)
lev		−0.006 ***	−0.004 *
		(−2.824)	(−1.900)
roa		−0.004 ***	−0.002
		(−2.711)	(−1.476)
growth		0.001 **	0.001 *
		(2.145)	(1.861)
tangibility		−0.000	−0.001
		(−0.081)	(−0.574)
board		0.032 ***	0.028 **
		(2.705)	(2.554)
tenshare		0.001	0.001
		(1.047)	(1.112)
institution		0.000	0.001 *
		(0.755)	(1.841)
region		0.005 ***	0.002
		(3.014)	(1.505)

表4-13(续)

	（1） lnrd	（2） lnrd	（3） lnrd
_cons	6. 463 *** （323. 946）	3. 258 *** （13. 626）	1. 719 *** （3. 703）
Industry	No	No	Yes
Year	No	No	Yes
adj. R^2	0. 007	0. 271	0. 399
N	4 257	4 257	4 257

2. 删除企业所在地为创新集中地区的样本

企业创新存在一定的地区聚集效应，为排除该效应的影响，将创新高产出的地区加以剔除（Moshirian F et al.，2021），主要包括北京、上海和广东，剔除后使用模型（4.1）进行回归检验，因变量、自变量和其他控制变量与主回归一致，回归结果详见表4-14。

由表4-14的回归结果可以看出，删除创新聚集地的样本后，政府引导基金投资对企业研发投入在1%水平上显著正相关，对企业的专利总数在10%水平上显著正相关，对发明专利产出在1%水平上显著正相关，上述结果无论从经济显著性还是从统计显著性分析均与主回归基本一致，因此替换样本不会影响原结论的稳健性。

表 4-14　政府引导基金对企业创新影响的回归结果：删除创新发达地区

	（1） lnrd	（2） lnrd	（3） lnpatent	（4） lnpatent	（5） lninvention	（6） lninvention
ggf	0. 525 *** （4. 067）	0. 396 *** （3. 632）	0. 052 （1. 081）	0. 087 * （1. 842）	0. 162 *** （3. 403）	0. 166 *** （3. 480）
firmsize	0. 370 *** （5. 788）	0. 525 *** （9. 945）	0. 158 *** （5. 728）	0. 163 *** （6. 098）	0. 129 *** （4. 737）	0. 133 *** （5. 008）
firmage	0. 050 *** （4. 504）	−0. 006 （−0. 605）	−0. 020 *** （−4. 810）	−0. 017 *** （−4. 072）	−0. 015 *** （−3. 716）	−0. 014 *** （−3. 384）
lev	0. 011 * （1. 761）	0. 006 （1. 115）	0. 005 （1. 482）	0. 004 （1. 254）	0. 002 （0. 638）	0. 005 （1. 241）
roa	0. 001 （0. 288）	0. 004 （1. 297）	0. 001 （0. 661）	0. 001 （0. 414）	0. 001 （0. 446）	−0. 000 （−0. 031）

表4-14(续)

| | (1) | (2) | (3) | (4) | (5) | (6) |
	lnrd	lnrd	lnpatent	lnpatent	lninvention	lninvention
growth	−0.000	0.000	0.000	0.000	0.001	0.001
	(−0.255)	(0.417)	(0.427)	(0.938)	(1.356)	(1.143)
tangibility	0.014**	0.008	0.005*	0.005	0.003	0.004
	(2.340)	(1.505)	(1.719)	(1.619)	(0.810)	(1.242)
board	0.089***	0.047*	0.044***	0.043***	0.049***	0.050***
	(2.983)	(1.772)	(2.635)	(2.743)	(3.047)	(3.145)
tenshare	0.001	−0.003	0.001	0.002	0.000	0.000
	(0.383)	(−1.066)	(0.653)	(1.064)	(0.123)	(0.267)
institution	−0.003**	−0.002	−0.001	−0.001	−0.000	−0.000
	(−2.083)	(−1.392)	(−1.224)	(−0.890)	(−0.626)	(−0.603)
region	−0.017**	−0.013**	−0.008***	−0.006**	−0.006**	−0.005*
	(−2.231)	(−2.332)	(−2.958)	(−2.413)	(−2.357)	(−1.882)
_cons	1.050	−2.492**	0.565	−1.046***	0.340	−0.109
	(1.502)	(−2.478)	(1.620)	(−2.783)	(0.924)	(−0.252)
Industry	No	Yes	No	Yes	No	Yes
Year	No	Yes	No	Yes	No	Yes
adj. R^2	0.055	0.451	0.052	0.157	0.066	0.118
N	3 137	3 137	1 572	1 572	1 193	1 193

五、实证结果小结

企业的创新活动具有较强的正外部性,国家大力提倡创新创业。但是创新企业面临严重的融资约束问题,导致市场失灵。政府引导基金在理论上为解决创新活动的市场失灵而设计,然而在实践中能否真正解决市场失灵进而促进企业创新存在争议。

本章在详细分析政府引导基金对企业创新理论的基础上,提出研究假设并设计回归分析模型,以新三板企业为样本进行实证检验。首先定义并衡量了企业创新水平,包括创新投入和创新产出,并对研究样本中的主要变量进行描述性统计。其次对有无政府引导基金投资的两组企业进行均值t检验,观察两组企业的特征性差异。接着对各变量进行相关性分析。再次利用回归模型,在控制企业财务特征和公司治理特征后进行多元线性回归,结果表明政府引导基金的投资促进了企业研发投入和专利产出。最后，根据企业的特点和政府引导基金的政策目标将企业进行细分，包括企业规模大小、企业是否为国企以及企业是否在新三板的创新层，对分样本进行回归。结果表明政府引导基金投资大规模企业、非国有企业和创新层企业更有利于企业发明专利的产出，投资非国有企业、基础层企业更有利于企业的研发投入。

为了使上述结论更加稳健，本章进行了稳健性检验。第一，为解决遗漏变量问题对样本企业进行了倾向匹配得分法（PSM）进行处理。第二，为解决逆向因果问题，对样本企业使用 Heckman 两步法进行处理。第三，为解决变量测量误差，对因变量变换了测量方式。第四，为解决创新地区的样本聚集问题对样本进行洁净化处理。对上述样本重新回归后的实证结果和主回归结果基本一致。总体来看，结果表明政府引导基金投资整体上对企业创新有促进作用，解决了企业创新活动的市场失灵。进一步根据企业不同特征进行详细分析，政府引导基金能够提供有针对性的投资，进而更好地促进企业创新。

第五章　受托风险投资机构产权性质对引导基金与企业创新关系的影响研究

第一节　理论分析和研究假设

一、风险投资机构的类型划分

根据风险投资机构产权性质不同，可将其划分为不同类型，不同类型的风险投资机构在投资目标、风险偏好、预期回报和投资策略上存在差异（Ughetto，2010）。苟燕楠和董静（2014）根据资本背景不同，将风险投资机构划分为政府、外资、公司、民营四个类别。黄福广（2017）将风险投资机构划分为独立风险投资机构、公司风险投资机构、政府风险投资机构和银行风险投资机构。后三种风险投资机构统称为附属风险投资机构。Standert 和 Manigart（2017）将风险投资机构划分为独立风险投资机构、公司风险投资机构和政府风险投资机构，此处的公司风险投资机构包含了银行风险投资机构。本书在借鉴上述分类方法的基础上，结合中国的实践情况并参考吴超鹏等（2012）的研究，将风险投资机构划分为国有风险投资机构与非国有风险投资机构。

二、国有风险投资机构对引导基金与企业创新关系的正向影响

对于国有风险投资机构而言，因为第一大股东属于国资背景，当政府引导基金委托国有风险投资机构进行管理时，二者同属于政府出资，也就是说，通过股权穿透到最终层的大股东都是政府。又根据委托代理理论，

委托人与代理人通常目标不一致，由此会产生代理成本（Jensen and Meckling，1976）。代理成本包括委托人的监督成本、代理人的自我约束成本以及使企业价值最大化的剩余损失。联系到研究情境，政府引导基金作为委托人，目标是促进创新创业；风险投资机构作为代理人，目标是获得经济收益，二者产生了代理冲突。但是当委托人与代理人同为政府时，二者的目标都是在兼顾经济收益的同时更注重社会收益，对失败的容忍度较高，因此会减少代理冲突，降低代理成本，进而更好地促进企业创新（杨军等，2009；Bottazzi et al.，2016）。

基于上述理论分析，本章提出假设 5.1：政府引导基金委托国有风险投资机构更有利于促进企业创新。

第二节　研究设计

一、研究样本与数据来源

本章与第四章使用相同的数据样本，以 2013—2019 年新三板挂牌企业为样本，但不包括如下企业：①金融类（银行、证券、保险及其他金融类企业）与房地产企业，因为金融类企业的财务准则与一般制造业企业的财务准则不同，相关信息的可比性较弱；②标识为 ST 及 * ST 类企业，因为该类企业面临退市风险，财务信息可能不准确；③财务信息、公司治理信息异常或缺失的企业，信息缺失会影响实证结果的可靠性。但是本章的数据只包括有政府引导基金投资的企业样本，最终整理获得 342 家企业从 2013—2019 年共 1 199 个企业年样本数据。

本章样本中政府引导基金数据来自清科数据库私募通（PEdata），风险投资机构数据来自投中数据库（CVSource），企业专利数据来自色诺芬（CCER）新三板专利库，企业研发数据来自万得数据库（Wind），财务数据来自万得数据库，同时部分数据来自手工搜集与整理。为了克服极端值的影响，本章对连续变量前后各 1% 进行了 Winsorize 缩尾处理。

二、变量定义

（一）因变量

本章因变量与第四章相同，主要为企业创新投入和创新产出，其中创新投入使用企业总的研发费用来衡量（张慧雪 等，2020）。在稳健性检验中也使用企业研发费用占营业收入之比代表企业创新投入（黄福广和王建业，2019）。创新产出使用企业申请的专利总数和发明专利申请数量来衡量（Tian and Wang，2014；陈思 等，2017；沈毅 等，2019），具体为当年所有专利申请数加 1 取对数为总体专利产出，当年发明专利申请数加 1 取对数为发明专利产出。在稳健性检验中，也使用发明专利申请数与专利总数之比进行替换（张慧雪 等，2020）。

（二）自变量

本章将自变量具体细分为国有风险投资机构与非国有风险投资机构。关于风险投资机构产权的测量，参考吴超鹏等（2012）和余琰等（2014）的研究文献并考虑到数据的可获得性，使用风险投资机构第一大股东的产权性质来决定。将投资方被注明是国有股或国有法人股的认定为国有风险投资机构，否则为非国有风险投资机构。

（三）控制变量

1. 企业特征变量

关于企业特征变量，借鉴已有文献（Tian and Wang，2014；陈思 等，2017；沈毅 等，2019），本书选取企业规模、企业资产负债率、企业年龄、企业成长性、企业盈利能力、有形资产占比作为控制变量。

2. 公司治理变量

除了公司财务指标等特征变量，本书衡量了公司治理结构指标。对股权结构的变量，本书选取前十大股东持股比例之和来衡量。董事会结构变量选取董事会规模来衡量（沈毅 等，2019）。

3. 其他变量

其他变量包括机构投资者持股比例、企业所在行业和企业所在地区的省份（张慧雪 等，2020）。

此外，为了验证风险投资机构产权性质对企业创新的影响，本章增加了影响风险投资机构的控制变量，包括风险投资机构自身规模（黄福广和贾西猛，2018）。

三、实证模型

为了检验风险投资机构的产权性质对政府引导基金与企业创新关系的影响，建立模型（5.1）。

$$\text{lnrd}_{i,t} / \text{lnpatent}_{i,t} / \text{lninvention}_{i,t} = \alpha_0 + \alpha_1 \text{gvc}_{i,t} + \alpha_2 \text{controls}_{i,t}$$
$$+ \text{indFE} + \text{yearFE} + \varepsilon_{i,t} \qquad (5.1)$$

其中因变量 $\text{lnrd}_{i,t}$ 为企业 i 当年的研发支出总额，$\text{lnpatent}_{i,t}$ 为企业 i 当年的专利申请总数，$\text{lninvention}_{i,t}$ 为企业 i 当年的发明专利申请数量。自变量 $\text{gvc}_{i,t}$ 表示被投资企业获得的风险投资机构的产权性质，该变量为 1 代表国有风险投资机构，为 0 则代表非国有风险投资机构。因变量是连续变量，自变量是 0—1 虚拟变量，采用最小二乘法进行回归，并控制行业和年份固定效应。$\text{controls}_{i,t}$ 为控制变量，包括企业规模、企业年龄、盈利能力、资产负债率、成长性和有形资产比例，同时包括公司治理特征的股权集中度、董事会规模和机构持股比例合计，以及风险投资机构的自身规模（jigousize）。回归系数中，α_0 为常数项，α_1 为解释变量回归系数，α_2 为控制变量回归系数，ε 为误差项。

第三节　全样本分布分析

一、自变量分布特征

本章自变量是政府引导基金委托的风险投资机构的产权性质，具体描述性统计分析可见表 5-1。

二、因变量和控制变量分布特征

本章因变量和主要控制变量分布特征与第四章相同，具体可以见表 4-4。新增的其他控制变量描述性统计分析见表 5-1。

由表 5-1 可以看出，风险投资机构中，国有风险投资机构的占比为 35.7%，中位数为 0，也就是说在样本企业中有 35.7% 的风险投资机构是国有风险投资机构，其余都是非国有风险投资机构。对于控制变量风险投资机构自身规模而言，最大值为 13.878，最小值为 4.615，标准差为 2.202，表明风险投资机构之间规模差异较大。风险投资机构规模的均值为 8.080，中位数为 8.007，均值和中位数二者比较接近。

表 5-1　变量描述性统计：风险投资机构产权性质新增变量

variable	N	mean	min	p25	p50	p75	max	sd
gvc	1 199	0.357	0	0	0	1	1	0.479
jigousize	1 199	8.080	4.615	6.399	8.007	9.266	13.878	2.202

第四节　实证分析及回归结果

一、变量间相关性分析

对本章分析的主要因变量、自变量和控制变量做相关性检验，Pearson 相关系数检验结果见表5-2。

从表5-2可以看出，因变量和部分控制变量相关关系和具体系数与表4-6一致，在此不再赘述，下面重点阐述新增变量之间的相关关系。由表5-2可以看出，自变量国有风险投资机构与企业研发投入有显著负相关关系，二者的相关系数是-0.074，在5%水平上显著。表明国有风险投资机构投资企业时，企业研发投入更少。国有风险投资机构与企业专利产出没有显著相关关系。

对于自变量与控制变量而言，国有风险投资机构与风险投资机构自身规模显著正相关，二者的相关系数是0.304，在1%水平上显著，表明国有风险投资机构的自身规模较大。国有风险投资机构与企业规模也显著正相关，二者的相关系数是0.057，在10%水平上显著，表明国有风险投资机构投资的企业规模较大。国有风险投资机构与企业年龄在1%水平上显著正相关，二者的相关系数是0.090，表明国有风险投资机构投资的企业年龄较大。国有风险投资机构与企业前十大股东持股比例在1%水平上显著负相关，二者的相关系数是-0.078，表明国有风险投资机构投资的企业股权集中度低。

对于控制变量风险投资机构自身规模而言，风险投资机构规模与企业的发明专利产出在5%水平上显著正相关，二者的相关系数是0.088，表明风险投资机构规模越大，企业的发明专利产出越多。风险投资机构规模与企业规模在1%水平上显著正相关，二者的相关系数是0.154，表明企业自身规模越大，获得投资的风险投资机构的规模也越大。风险投资机构规模与企业的董事会规模在1%水平上显著正相关，二者的相关系数是0.101，表明企业的董事会规模越大，获得投资的风险投资机构的规模越大。但是风险投资机构规模与企业的前十大股东持股比例在1%水平上显著负相关，二者的相关系数是-0.109，表明企业的股权集中度越高，获得投资的风险投资机构的规模越小。

总体来看，新增加的各变量之间的相关系数绝对值都小于0.5，表明存在共线性的可能性较小。但是以上相关性结果只能作为相关关系分析的初步判断，关于具体关系仍以回归结果为主。

表 5-2　变量相关系数

	lnrd	lnpatent	lninvention	gvc	jigousize	firmsize	firmage
lnrd	1.000						
lnpatent	0.189***	1.000					
lninvention	0.303***	0.751***	1.000				
gvc	-0.074**	0.008	-0.023	1.000			
jigousize	0.016	0.031	0.088**	0.304***	1.000		
firmsize	0.192***	0.192***	0.232***	0.057*	0.154***	1.000	
firmage	0.122***	-0.052	-0.056	0.090***	-0.021	0.359***	1.000
lev	-0.063**	0.017	0.054	-0.021	0.022	0.210***	0.202***
roa	0.053*	0.061	-0.012	-0.027	0.030	0.225***	0.078***
growth	0.044	0.033	0.058	-0.023	0.021	-0.009	-0.140**
tangibility	0.019	0.029	-0.028	-0.021	-0.004	-0.155***	-0.143***
board	0.224***	0.123***	0.127***	0.027	0.101***	0.499***	0.133***
tenshare	-0.142***	-0.113***	-0.129***	-0.078***	-0.109***	-0.381***	-0.162***
institution	-0.014	-0.065	0.004	-0.011	-0.014	0.064**	-0.017

	lev	roa	growth	tangibility	board	tenshare	institution
lev	1.000						
roa	-0.102***	1.000					
growth	-0.009	0.188***	1.000				
tangibility	-0.870***	0.183***	0.004	1.000			
board	-0.035	0.053*	-0.045	0.028	1.000		
tenshare	0.049*	0.124***	0.035	-0.044	-0.337***	1.000	
institution	0.001	-0.048*	0.013	-0.024	0.065**	0.266***	1.000

二、回归结果与分析

风险投资机构产权性质对引导基金与企业创新关系影响的回归结果如下：

对模型（5.1）进行回归，因变量为企业创新投入和创新产出，其中专利产出包括申请的专利总数和发明专利总数，控制变量包括风险投资机构特征、企业的财务特征和公司治理特征等，回归结果见表5-3。

对于研发投入而言，首先仅用自变量是否为国有风险投资机构进行纯净回归，然后添加相关控制变量，最后添加行业和年份固定效应，回归结果见表5-3第（1）—（3）列。在未加入任何控制变量的情况下国有风险投资机构与企业创新投入在5%水平上显著负相关，二者的回归系数是-0.360。第（2）列结果显示加入相关控制变量后，国有风险投资机构与企业研发投入在1%水平上显著负相关，二者的回归系数是-0.544。第（3）列加入相关控制变量和行业与年份固定效应后，国有风险投资机构与企业研发投入在1%水平上显著负相关，二者的回归系数是-0.531。由此可以看出无论是否添加控制变量或固定效应，国有风险投资机构与企业研发投入都存在显著的负相关关系。因此表5-3第（1）—（3）列的结果没有支持假设5.1，即政府引导基金委托国有风险投资机构进行管理未促进企业研发投入。

对于专利产出而言，从第（4）—（9）列可以看出，无论是否加入控制变量和相关的行业与年份固定效应，国有风险投资机构与企业的专利产出都没有显著关系。

对于新增加的风险投资机构规模控制变量而言，风险投资机构自身规模与企业的研发投入与创新产出都没有显著相关关系。其余控制变量的经济显著性和统计显著性基本与第四章主回归的结果一致，在此不再赘述。

表 5-3 风险投资机构产权性质对引导基金与企业创新关系影响的回归结果

	(1) lnrd	(2) lnrd	(3) lnrd	(4) lnpatent	(5) lnpatent	(6) lnpatent	(7) lninvention	(8) lninvention	(9) lninvention
gvc	-0.360**	-0.544***	-0.531***	0.014	0.020	0.034	-0.037	-0.066	-0.013
	(-2.478)	(-3.464)	(-4.398)	(0.184)	(0.249)	(0.427)	(-0.503)	(-0.880)	(-0.173)
jigousize		0.021	0.020		-0.012	-0.001		0.016	0.007
		(0.626)	(0.793)		(-0.748)	(-0.033)		(0.926)	(0.427)
firmsize		0.192*	0.384***		0.181***	0.203***		0.210***	0.247***
		(1.881)	(5.777)		(3.836)	(4.073)		(4.273)	(4.957)
firmage		0.051***	0.006		-0.025***	-0.024***		-0.022***	-0.021**
		(3.417)	(0.523)		(-3.451)	(-3.102)		(-3.033)	(-2.570)
lev		-0.034***	-0.018***		0.009**	0.012***		0.004	0.012***
		(-4.451)	(-2.781)		(2.348)	(2.785)		(0.991)	(2.789)
roa		0.002	0.005		-0.002	-0.002		-0.007**	-0.007**
		(0.322)	(1.336)		(-0.513)	(-0.668)		(-2.009)	(-2.125)
growth		0.003**	0.001		0.000	-0.000		0.001	0.000
		(2.052)	(1.480)		(0.579)	(-0.264)		(0.916)	(0.027)
tangibility		-0.023***	-0.021***		0.010***	0.010***		0.004	0.008**
		(-3.189)	(-3.612)		(2.791)	(2.634)		(1.181)	(2.333)
board		0.229***	0.122***		0.014	0.022		-0.002	0.019
		(4.651)	(3.168)		(0.534)	(0.805)		(-0.090)	(0.673)

表5-3(续)

	(1) lnrd	(2) lnrd	(3) lnrd	(4) lnpatent	(5) lnpatent	(6) lnpatent	(7) lninvention	(8) lninvention	(9) lninvention
tenshare		-0.006	-0.002		-0.002	0.001		-0.002	0.002
		(-1.067)	(-0.422)		(-0.732)	(0.321)		(-0.636)	(0.541)
institution		-0.002	-0.000		-0.003**	-0.002		-0.000	-0.001
		(-0.810)	(-0.112)		(-2.035)	(-1.295)		(-0.295)	(-0.675)
region		-0.009	-0.001		-0.005	0.003		-0.003	0.004
		(-1.012)	(-0.110)		(-1.098)	(0.678)		(-0.539)	(0.704)
_cons	6.178***	6.015***	2.553*	1.889***	0.673	0.087	1.489***	0.362	-0.987
	(77.212)	(5.849)	(1.675)	(44.296)	(1.315)	(0.121)	(35.529)	(0.744)	(-1.611)
Industry	No	No	Yes	No	No	Yes	No	No	Yes
Year	No	No	Yes	No	No	Yes	No	No	Yes
adj. R^2	0.005	0.087	0.508	0.001	0.052	0.160	0.001	0.068	0.178
N	1 199	1 199	1 199	610	610	610	500	500	500

三、进一步分析

由上述主回归结果可以看出政府引导基金委托国有风险投资机构进行管理未能促进企业创新，假设5.1没能得到验证，原因可能是与被投资企业的特点有关。如果委托人与代理人的产权都归属于政府，更能减少由于目标不一致产生的代理成本，而且政府资本对创新的失败容忍度较高，那么更有利于企业创新活动的开展（Porta and Shleifer，1999；周铭山和张倩倩，2016）。据此，根据产权性质将被投资企业划分为两类，即国有企业与非国有企业，新增调节变量企业属性是否为国有企业（nature），当被投资企业是国有企业时，该变量为1，否则为0。

此时的自变量变为是否为国有风险投资机构（gvc）与是否为国有企业（nature）二者的交乘项，其他的因变量、控制变量与主回归一致，继续使用模型（5.1）进行回归，回归结果见表5-4。

由表5-4的回归结果可以看出，第（1）列在不加入任何控制变量的情况下，当国有风险投资机构投资国有企业时，二者的回归系数是1.975，在10%水平上显著正相关。第（2）列加入相关控制变量后，当国有风险投资机构投资国有企业时，二者的回归系数是3.121，在1%水平上显著正相关。第（3）列加入相关控制变量、行业和年份固定效应后，二者的回归系数是2.300，在1%水平上显著正相关。上述结果表明，当政府引导基金委托国有风险投资机构同时投资企业为国有企业时，能够显著提高被投资企业的研发投入。

对于专利总数，国有风险投资机构投资国有企业与否，无显著影响。但是对于发明专利而言，第（7）列没有加入任何控制变量的情况下，国有风险投资机构投资国有企业时，显著降低了企业的研发投入，二者的回归系数是-0.975，在5%水平上显著负相关。第（9）列加入相关控制变量、行业与年份固定效应后，国有风险投资机构投资国有企业显著降低了企业的发明专利产出量，二者的回归系数是-0.971，在5%水平上显著负相关。上述结果表明，当国有风险投资机构投资国有企业时，显著降低了企业的发明专利产出量。这说明当政府引导基金委托国有风险投资机构进行管理并投资国有企业时，能显著提高企业的研发投入，但显著降低了企业的发明专利产出量。

表 5-4 风险投资机构产权性质对引导基金与企业创新关系影响的回归结果：国有企业的调节

	(1)	(2)	(3)	(4)	(5)	(6)	(7)	(8)	(9)
	lnrd	lnrd	lnrd	lnpatent	lnpatent	lnpatent	lninvention	lninvention	lninvention
gvc×nature	1.975*	3.121***	2.300***	-0.527	-0.363	-0.370	-0.975**	-0.819	-0.971**
	(1.786)	(2.585)	(3.000)	(-1.387)	(-0.928)	(-0.733)	(-2.081)	(-1.583)	(-2.253)
gvc	-0.244*	-0.493***	-0.548***	0.043	0.049	0.057	0.001	-0.029	0.022
	(-1.730)	(-3.201)	(-4.555)	(0.566)	(0.593)	(0.705)	(0.009)	(-0.371)	(0.296)
nature	-4.004***	-5.094***	-3.177***	-0.024	-0.127	-0.005	0.398	0.267	0.455
	(-4.194)	(-4.663)	(-4.867)	(-0.071)	(-0.365)	(-0.012)	(0.871)	(0.526)	(1.128)
jigousize		0.034	0.026		-0.015	-0.003		0.014	0.005
		(1.035)	(1.022)		(-0.887)	(-0.181)		(0.815)	(0.279)
firmsize		0.316***	0.453***		0.185***	0.202***		0.212***	0.243***
		(3.278)	(7.133)		(3.856)	(3.970)		(4.259)	(4.861)
firmage		0.058***	0.015		-0.025***	-0.024***		-0.022***	-0.021**
		(4.086)	(1.352)		(-3.430)	(-3.058)		(-3.062)	(-2.562)
lev		-0.033***	-0.019***		0.009**	0.012***		0.003	0.011***
		(-4.457)	(-2.783)		(2.358)	(2.770)		(0.931)	(2.668)
roa		0.002	0.004		-0.002	-0.002		-0.006**	-0.007**
		(0.351)	(1.237)		(-0.464)	(-0.639)		(-2.013)	(-2.132)
growth		0.002*	0.001		0.000	-0.000		0.001	0.000
		(1.873)	(1.354)		(0.591)	(-0.229)		(0.866)	(0.016)

表5-4（续）

	(1) lnrd	(2) lnrd	(3) lnrd	(4) lnpatent	(5) lnpatent	(6) lnpatent	(7) lninvention	(8) lninvention	(9) lninvention
tangibility		-0.024***	-0.022***		0.011***	0.011***		0.004	0.008**
		(-3.332)	(-3.773)		(2.862)	(2.677)		(1.194)	(2.315)
board		0.189***	0.112***		0.009	0.020		-0.011	0.013
		(3.945)	(2.920)		(0.338)	(0.711)		(-0.398)	(0.459)
tenshare		-0.004	-0.002		-0.002	0.001		-0.002	0.001
		(-0.740)	(-0.327)		(-0.778)	(0.216)		(-0.709)	(0.415)
institution		0.001	0.001		-0.002	-0.001		0.000	-0.000
		(0.362)	(0.536)		(-1.533)	(-0.904)		(0.131)	(-0.288)
region		-0.015*	-0.004		-0.006	0.003		-0.003	0.003
		(-1.771)	(-0.602)		(-1.289)	(0.517)		(-0.705)	(0.510)
_cons	6.249***	5.300***	2.233	1.889***	0.688	0.250	1.482***	0.417	-0.711
	(80.878)	(5.264)	(1.445)	(43.872)	(1.339)	(0.339)	(35.431)	(0.858)	(-1.151)
Industry	No	No	Yes	No	No	Yes	No	No	Yes
Year	No	No	Yes	No	No	Yes	No	No	Yes
adj. R^2	0.059	0.155	0.529	0.003	0.055	0.160	0.007	0.074	0.185
N	1 197	1 197	1 197	610	610	610	500	500	500

四、稳健性检验

(一) 国有企业的分组回归

在上面的进一步分析中，使用国有企业作为调节变量，与国有风险投资机构变量进行交乘回归，结果发现国有企业正向调节了国有风险投资机构对企业创新投入的影响。为了使结果更稳健，此处使用国有风险投资机构变量做分组回归，检验国有风险投资机构投资国有企业时，国有风险投资机构是否更能提高企业创新能力。自变量、因变量与控制变量同模型 (5.1)，对模型 (5.1) 继续回归，结果见表 5-5。

由表 5-5 的回归结果可以看出，国有风险投资机构投资非国有企业会显著降低企业的研发投入，二者的回归系数是 -0.522，在 1% 水平上显著负相关，其他情况均不显著。这说明政府引导基金委托国有风险投资机构、但投资企业为非国有企业时，能显著降低企业的研发投入。回归结果与上文交乘项的回归结果一致，说明无论国有企业作为调节变量还是作为分组变量均不影响结论的稳健性。

表 5-5　风险投资机构产权性质对引导基金与企业创新关系影响的回归结果：
国有企业的分组

	(1)	(2)	(3)	(4)	(5)	(6)
	国企	非国企	国企	非国企	国企	非国企
	lnrd	lnrd	lnpatent	lnpatent	lninvention	lninvention
gvc	1.368	-0.522***	-1.091	0.063	-5.048	0.030
	(0.960)	(-4.364)	(-0.370)	(0.786)	(-1.321)	(0.400)
jigousize	-1.546**	0.055**	-0.445	0.004	0.847	0.009
	(-2.369)	(2.171)	(-0.513)	(0.219)	(1.383)	(0.486)
firmsize	0.659	0.511***	-0.864	0.222***	-5.722	0.262***
	(0.636)	(8.050)	(-0.286)	(4.360)	(-1.377)	(5.196)
firmage	-0.144	0.004	0.100	-0.024***	-0.294	-0.023***
	(-1.051)	(0.418)	(0.347)	(-3.123)	(-0.941)	(-2.789)
lev	-0.061	-0.016**	0.011	0.012***	0.034	0.011**
	(-1.107)	(-2.419)	(0.145)	(2.630)	(1.324)	(2.562)
roa	0.147	0.003	-0.063	-0.004	-0.065	-0.008**
	(1.275)	(0.902)	(-0.393)	(-1.046)	(-0.456)	(-2.354)
growth	-0.001	0.001	-0.012	0.000	0.002	-0.000
	(-0.089)	(1.347)	(-0.943)	(0.074)	(0.152)	(-0.008)

表5-5（续）

	（1）	（2）	（3）	（4）	（5）	（6）
	国企	非国企	国企	非国企	国企	非国企
	lnrd	lnrd	lnpatent	lnpatent	lninvention	lninvention
tangibility	−0.080	−0.022***	−0.028	0.011***	−0.115	0.008**
	（−1.265）	（−3.737）	（−0.262）	（2.648）	（−1.042）	（2.276）
board	−0.540*	0.127***	0.078	0.020	0.967	0.008
	（−1.835）	（3.395）	（0.152）	（0.728）	（1.939）	（0.281）
tenshare	−0.018	0.003	−0.074	0.003	−0.132	0.003
	（−0.489）	（0.521）	（−1.577）	（0.958）	（−1.777）	（0.830）
institution	−0.008	0.001	0.007	−0.002	0.062	−0.001
	（−0.634）	（0.546）	（0.121）	（−1.197）	（1.673）	（−0.462）
region	0.182	0.006	−0.017	0.003	−0.178	0.003
	（1.481）	（0.893）	（−0.139）	（0.588）	（−1.279）	（0.512）
_cons	25.329**	−0.013	17.915	−0.279	44.693	−1.108*
	（2.191）	（−0.008）	（1.056）	（−0.364）	（1.223）	（−1.754）
Industry	Yes	Yes	No	Yes	No	Yes
Year	Yes	Yes	Yes	Yes	No	Yes
adj. R^2	0.887	0.516	0.220	0.171	0.825	0.177
N	53	1 144	20	590	15	485

（二）变量测量

本章主回归关于因变量创新投入的测量使用的是研发费用总额，在稳健性检验中参考黄福广和王建业（2019）使用研发支出与销售收入占比来衡量（rdshouru）。关于发明专利的测量使用的是发明专利总数的自然对数，在稳健性检验中参考张慧雪等（2020）使用发明专利与专利总数之比来衡量（ratio）。继续使用模型（5.1）进行回归检验，自变量和其他控制变量与主回归一致，回归结果详见表5-6。

由表5-6的回归结果可以看出，国有风险投资机构对企业的发明专利产出有显著负向影响。具体来看，由第（4）列的回归结果可以看出，在不加入任何控制变量的情况下，国有风险投资机构与企业的发明专利在5%水平上显著负相关，二者的回归系数是−0.071。第（5）列加入相关控制变量后，二者的回归系数是−0.101，在1%水平上显著。第（6）列加入控制变量和行业与年份固定效应后，国有风险投资机构与企业发明专利产出在1%水平上显著负相关，二者的回归系数是−0.079。说明国有风险投资机构管理显著降低了企业的发明专利产出数量。

表 5-6　风险投资机构产权性质对引导基金与企业创新关系影响的回归结果：
变换因变量的测量

	（1） rdshouru	（2） rdshouru	（3） rdshouru	（4） ratio	（5） ratio	（6） ratio
gvc	−1.678	−1.488	−0.831	−0.071 **	−0.101 ***	−0.079 ***
	（−1.107）	（−1.032）	（−0.518）	（−2.246）	（−2.995）	（−2.597）
jigousize		−0.697 *	−0.883 **		0.027 ***	0.013 *
		（−1.894）	（−2.160）		（3.772）	（1.845）
firmsize		−2.839 ***	−2.682 ***		0.033 *	0.009
		（−3.297）	（−2.923）		（1.763）	（0.478）
firmage		−0.143	−0.324 *		−0.000	−0.001
		（−0.916）	（−1.803）		（−0.057）	（−0.325）
lev		−0.485 ***	−0.421 ***		−0.003	−0.000
		（−4.711）	（−4.063）		（−1.538）	（−0.174）
roa		−0.540 ***	−0.530 ***		−0.003 ***	−0.003 ***
		（−5.147）	（−4.965）		（−2.968）	（−2.807）
growth		0.000	−0.008		0.000	0.000
		（0.004）	（−0.465）		（0.852）	（1.497）
tangibility		−0.279 ***	−0.247 ***		−0.004 *	−0.001
		（−2.909）	（−2.628）		（−1.819）	（−0.569）
board		1.355 **	1.275 *		−0.015	−0.001
		（2.029）	（1.818）		（−1.442）	（−0.055）
tenshare		−0.031	−0.079		−0.000	−0.001
		（−0.522）	（−1.092）		（−0.083）	（−0.583）
institution		−0.009	0.007		0.001 *	0.000
		（−0.319）	（0.245）		（1.730）	（0.192）
region		−0.002	0.094		0.001	−0.001
		（−0.024）	（0.983）		（0.325）	（−0.641）
_cons	12.368 ***	63.876 ***	53.185 ***	0.663 ***	0.640 ***	0.688 **
	（13.494）	（5.296）	（3.979）	（36.447）	（2.653）	（2.195）
Industry	No	No	Yes	No	No	Yes
Year	No	No	Yes	No	No	Yes
adj. R^2	0.001	0.201	0.232	0.008	0.055	0.289
N	1 199	1 199	1 199	500	500	500

（三）样本替换

1. 删除创新数据为 0 的样本

为了防止研发投入为 0 的企业对回归结果产生的干扰，在稳健性检验中把研发费用为 0 的研究样本删除（Moshirian F et al., 2021），使用模型（5.1）进行回归检验，因变量、自变量和其他控制变量与主回归一致，回归结果详见表 5-7。

由表 5-7 的回归结果可以看出，删除企业研发投入为 0 的数据样本后，国有风险投资机构与企业的研发投入依然显著负相关。第（2）列回归结果显示，加入相关控制变量后，二者的回归系数是 -0.184，在 5% 水平上显著。加入控制变量和年份及行业固定效应后，二者的回归系数是 -0.158，在 5% 水平上显著。说明国有风险投资机构会显著降低企业的研发投入，与主回归的结论一致，替换样本不会影响原结论的稳健性。

表 5-7　风险投资机构产权性质对引导基金与企业创新关系影响的回归结果：
删除研发投入为 0 的样本

	（1） lnrd	（2） lnrd	（3） lnrd
gvc	-0.099	-0.184**	-0.158**
	(-1.231)	(-2.382)	(-2.273)
jigousize		-0.007	0.000
		(-0.457)	(0.024)
firmsize		0.583***	0.632***
		(13.725)	(15.108)
firmage		0.007	0.006
		(0.956)	(0.841)
lev		-0.015***	-0.007*
		(-3.539)	(-1.870)
roa		-0.010***	-0.006***
		(-4.013)	(-2.672)
growth		0.002**	0.001*
		(2.170)	(1.769)
tangibility		-0.007*	-0.006*
		(-1.826)	(-1.718)
board		0.102***	0.108***
		(4.200)	(4.546)

表5-7(续)

	(1) lnrd	(2) lnrd	(3) lnrd
tenshare		0.001	0.003
		(0.452)	(0.877)
institution		0.001	0.002
		(0.950)	(1.468)
region		0.001	0.001
		(0.213)	(0.247)
_cons	6.756***	3.649***	2.619***
	(147.252)	(6.505)	(4.449)
Industry	No	No	Yes
Year	No	No	Yes
adj. R^2	0.001	0.316	0.477
N	1079	1079	1079

2. 删除创新发达地区

企业创新存在地区聚集效应，为排除该效应的影响，将创新高产出的地区加以剔除（Moshirian F et al., 2021），主要包括北京、上海和广东。剔除后使用模型（5.1）进行回归检验，因变量、自变量和其他控制变量与主回归一致，回归结果详见表5-8。

由表5-8的回归结果可以看出，删除创新聚集地的样本后，国有风险投资机构与企业的创新投入仍然显著负相关。第（3）列加入相关控制变量和行业及年份固定效应后，国有风险投资机构与企业的创新投入回归系数是-0.426，在1%水平上显著负相关。上述结果无论从经济显著性还是统计显著性分析均与主回归基本一致，因此替换样本不会影响原结论的稳健性。

表 5-8 风险投资机构产权性质对引导基金与企业创新关系影响的回归结果：删除创新发达地区

	(1) lnrd	(2) lnrd	(3) lnrd	(4) lnpatent	(5) lnpatent	(6) lnpatent	(7) lninvention	(8) lninvention	(9) lninvention
gvc	-0.129	-0.173	-0.426***	-0.012	0.058	0.095	-0.013	-0.026	0.023
	(-0.737)	(-0.972)	(-3.015)	(-0.133)	(0.608)	(0.987)	(-0.140)	(-0.282)	(0.242)
jigousize		0.052	0.011		-0.015	-0.014		0.028	0.006
		(1.319)	(0.408)		(-0.763)	(-0.698)		(1.310)	(0.284)
firmsize		0.342**	0.521***		0.242***	0.282***		0.246***	0.276***
		(2.563)	(5.698)		(4.287)	(4.528)		(4.139)	(4.317)
firmage		0.041**	0.002		-0.031***	-0.033***		-0.025***	-0.027***
		(2.333)	(0.176)		(-3.577)	(-3.603)		(-2.862)	(-2.821)
lev		-0.031***	-0.024***		0.011*	0.012*		0.009	0.017***
		(-2.764)	(-2.765)		(1.828)	(1.783)		(1.591)	(2.898)
roa		0.015*	0.009*		-0.003	-0.002		-0.005	-0.006
		(1.814)	(1.732)		(-0.542)	(-0.381)		(-1.023)	(-1.299)
growth		0.003*	0.002*		0.001	-0.000		0.001	0.000
		(1.830)	(1.741)		(0.806)	(-0.085)		(1.126)	(0.518)
tangibility		-0.019	-0.026***		0.012**	0.010		0.009*	0.015***
		(-1.656)	(-3.296)		(1.994)	(1.610)		(1.827)	(2.784)
board		0.061	0.028		0.000	0.014		-0.008	0.016
		(0.976)	(0.546)		(0.007)	(0.415)		(-0.253)	(0.438)

表5-8（续）

	(1) lnrd	(2) lnrd	(3) lnrd	(4) lnpatent	(5) lnpatent	(6) lnpatent	(7) lninvention	(8) lninvention	(9) lninvention
tenshare		-0.008	-0.006		-0.006*	-0.001		-0.005	0.002
		(-1.056)	(-0.966)		(-1.669)	(-0.215)		(-1.124)	(0.411)
institution		-0.006*	-0.003		-0.003	-0.002		-0.001	-0.002
		(-1.764)	(-1.349)		(-1.573)	(-0.928)		(-0.337)	(-0.912)
region		-0.036***	-0.017*		-0.012**	0.000		-0.006	0.000
		(-3.109)	(-1.937)		(-2.129)	(0.074)		(-0.976)	(0.041)
_cons	5.981***	6.112***	-0.492	1.952***	0.796	-1.025	1.537***	-0.084	-2.197**
	(54.422)	(4.086)	(-0.383)	(37.049)	(1.090)	(-1.127)	(28.941)	(-0.126)	(-2.498)
Industry	No	No	Yes	No	No	Yes	No	No	Yes
Year	No	No	Yes	No	No	Yes	No	No	Yes
adj. R²	0.001	0.091	0.534	0.001	0.093	0.234	0.001	0.099	0.259
N	717	717	717	402	402	402	326	326	326

五、实证结果小节

本章在第四章政府引导基金对企业创新关系的基础上，进一步根据风险投资机构产权性质不同将自变量分为两种类型设计模型进行研究，依然使用新三板挂牌企业为样本，通过多元线性回归验证本章提出的研究假设。

在控制风险投资机构特征、企业财务特征和公司治理特征后，本章研究发现国有风险投资机构对企业研发投入有显著的抑制作用，对企业的专利产出无显著影响。进一步检验发现当国有风险投资机构投资国有企业时，能显著提高企业的创新投入，也就是说国有企业起到了显著的正向调节作用。在主回归中使用国有企业做调节，在稳健性检验中使用国有企业做分组回归，原结论依然成立。在主回归中使用企业的研发支出总额代表创新投入，使用专利总数和发明专利总数代表创新产出，在稳健性检验中使用企业的研发投入与营业收入之比、企业的发明专利占专利总数之比做替换，原结论依然成立。说明替换变量测量不会影响原结论的稳健性。此外，为了防止创新的聚集效应，将企业研发投入为0、企业创新聚集地区样本分别删除后重新回归，原结论依然成立。这说明替换样本不会影响原结论的稳健性。

总的来看，本章的结果表明政府引导基金委托国有风险投资机构抑制了企业创新投入，但是当政府引导基金委托国有风险投资机构进行管理并且投资国有企业时，能显著提高企业创新投入。

第六章 受托风险投资机构声誉对引导基金与企业创新关系的影响研究

第一节 理论分析和研究假设

一、风险投资机构声誉及其测量

声誉高低是风险投资机构的显著特征，在风险投资活动中发挥着重要作用（刘晓明 等，2010）。Gompers 在 1996 年第一次提出了逐名理论（grandstanding），即年轻的风险投资机构为了建立良好的声誉会尽快将其投资的企业进行上市，以 IPO 折价为代价，也就是说风险投资机构能够借助 IPO 来体现自身声誉。Hsu（2004）对上述观点表示赞同，他认为风险投资机构的声誉形成于长期的市场交易和反复博弈中，能缓解企业的信息不对称，是风险投资机构能力的体现。

风险投资循环包括募、投、管、退四个阶段，声誉在每个阶段均发挥着重要作用。首先，在募资阶段，高声誉的风险投资机构更有利于扩大募资规模（田利辉 等，2015）。因为它们已经在市场上积累了较高声誉，因此更容易获得基金投资者的信赖，募资更顺利。其次，在投资方面，高声誉的风险投资机构议价能力强，在签订契约时能够更有利于实现自身利益最大化。风险投资机构的历史业绩越好，声誉越高。声誉还具有正反馈效应，声誉越高，投资筛选越专业，管理经验越丰富，社会资源越广泛，盈利能力也越强（Gompers，1996）。再次，在管理方面，高声誉的风险投资机构的社会网络关系更强，包括与承销商的联系等，更有利于帮助新创企业成功上市（蔡宁和何星，2015；González-Uribe，2020）。最后，在退出方面，高声誉的风险投资机构更容易顺利退出。叶小杰（2014）的研究表明，高声誉的风险投资机构更倾向于通过IPO退出，退出所需时间更短，获得收益更高。

关于风险投资机构声誉的测量，可以从影响机构声誉的角度分析。因为风险投资机构IPO次数越多，其声誉越高，因此用IPO成功率来度量有其合理性。具体而言包括风险投资机构支持过的IPO次数和IPO市值（Krishnan et al.，2011）。除了IPO，风险投资机构的声誉主要取决于其成功的经验，所以通常用成立年限和管理基金规模来衡量（Gompers，1996；Krishnan et al.，2011）。风险投资机构成立年限越长，经验越丰富，越有利于声誉的形成。风险投资机构基金管理规模越大，能力越强，声誉越高。此外，风险投资基金回报率也可以用来衡量风险投资机构声誉高低。不仅包括使用广泛流行的内含报酬率来衡量，也包括使用国际流行的市账比（Market to book ratio）来测量（Brown et al.，2018）。

二、高声誉风险投资机构对引导基金与企业创新关系的正向影响

政府引导基金对风险投资机构具有较为灵活的选择机制。在参股运作模式下，政府引导基金作为母基金，选择风险投资机构作为管理人，并且要求风险投资机构进一步募集社会资本，共同设立风险投资子基金。在每个投资子基金合同到期后，政府都可以对受托的风险投资机构进行评估，并据此决定其后期是否继续聘用。政府引导基金对于风险投资机构的激励，完全依赖于契约形式，即利用契约规定利益分配，在决定委托之前签订好契约（Cumming and Johan，2013；黄波 等，2015；He et al.，2017）。政府引导基金对于风险投资机构和子基金的管理，既不涉及政府人事管理，也不涉及国有企业的激励制度（黄福广 等，2021）。因此从理性人的角度分析，政府为了提高国有风险资本的利用效率和政绩，完全有动机选择高声誉的风险投资机构进行管理。

参与政府引导基金的运作，对于风险投资机构也具有一定的吸引力。其一，更有利于风险投资机构进行早期投资，提高投资收益。政府引导基金会有一定的优惠政策，鼓励风险投资子基金进行早期高科技企业的相关投资（Carpenter and Petersen，2002）。从收益奖励和风险补偿两个角度设计激励机制，如设置早期投资的容错率，降低对投资的收益要求等。实际

上，早期项目的投资一旦成功，给投资人带来的收益更丰厚。如果对于早期失败给予一定的容忍度，有能力的风险投资机构更愿意进入早期阶段获得超额收益。其二，通过与政府合作，风险投资机构更容易获得各种政府资源，并获得更多的投资机会（余琰 等，2014）。风险投资机构通常都管理着大量资本，不仅包括政府引导基金，也包括所募集的其他独立风险投资基金。与政府建立联系，也有利于风险投资机构其他非政府引导子基金的运作。

通过上述从政府引导基金和风险投资机构两方面进行分析，政府引导基金会优先选择高声誉风险投资机构作为受托人。高声誉的风险投资机构对企业具有认证作用，同时向其他投资人传递了良好的信号（Michaely et al.，2021）。高声誉的风险投资机构进入企业，证明该企业相较于同行其他企业更有竞争力。尤其对于早期高科技企业，由于信息不对称程度严重，其被市场识别更加困难，一旦高声誉风险投资机构进入会被市场认为经历了一次成功的筛选（Gennaioli et al.，2015），有利于后续其他机构的跟投，更好地缓解企业融资约束，促进企业创新。

基于上述理论分析，本章提出假设 6.1：政府引导基金委托高声誉风险投资机构管理，更有利于企业创新。

三、高声誉风险投资机构通过缓解企业融资约束提高企业创新

企业进行创新的必要条件之一便是资金，但创业企业普遍资金匮乏，存在严重的融资约束困境（边思凯和周亚虹，2020）。企业在初创期财务信息披露较少，甚至都没有形成稳定的现金流，因此难以用传统的财务报表分析方法进行分析以确定最终是否值得投资。而且在创业企业初期存在一个"死亡谷"（Death Valley）阶段，在该阶段企业累计投入越来越大，但企业现金流却为负，跨越了该阶段，企业便实现了"突破式"成长（黄福广，2017）。所以企业如何在初创期获得资金来突破"死亡谷"阶段，进而将创新想法付诸实践，风险投资机构的投资尤其是高声誉风险投资机构的参与至关重要。

首先，高声誉的风险投资机构募资能力强，更有利于后续的投资活动开展（叶小杰和王怀芳，2016）。风险投资机构声誉的最早研究便是风险投资机构声誉与募资的关系（Gompers，1996）。如果一个风险投资机构拥有良好的投资和退出记录，表明它在风险投资市场上获得了认可，那么对

于后续的募资便会更加顺畅（孙力强和倪正东，2008）。而风险投资机构如果募资顺利，自身资金储备量较为充足。那么当其看好某个创业企业时，自身投入的资金量就会较大，更好地缓解企业融资约束，帮助创业企业成功跨越"死亡谷"。

其次，高声誉风险投资机构能够形成良好的引导示范效应，带动其他风险投资机构的跟投。在风险投资策略中，存在联合投资策略。也就是说，风险投资机构之间会形成辛迪加投资，共同承担风险分享收益（陆瑶等，2017）。高声誉风险投资机构借助其声誉优势往往能吸引小型风险投资机构进行联合投资。Hochberg et al.（2007）的研究表明，高声誉风险投资机构能够更好地吸引其他风险投资机构进行联合投资，使交易规模扩大。此外，高声誉风险投资机构率先进入企业，也会带动后续的风险投资机构跟进投资，类似示范效应。尤其是针对新成立的风险投资机构，当其对风险投资市场不了解的情况下，往往愿意追随高声誉风险投资机构进行投资。风险投资机构越多，缓解企业的融资约束作用越强。

最后，高声誉的风险投资机构能够形成良好的关系网络（Lindsey，2008）。网络化是风险投资市场一个典型特征，学者针对此展开众多研究（Halim et al.，2019；董建卫 等，2019）。高声誉的风险投资机构能够与承销商、贷款人等形成良好的关系网络，有利于创业企业获得融资。比如，创业企业由于成立时间短，缺少信用记录和抵押品，但是通过风险投资机构的撮合可能会与银行产生联系，为获得贷款提供方便。而且银行之间又会形成投资联动，网络的边界越来越大，企业获得的资源越多，更容易促进企业创新活动的开展（Tykvova，2017）。

基于上述理论分析，本章提出假设6.2：高声誉风险投资机构通过缓解企业融资约束，进而促进企业创新。

第二节　研究设计

一、研究样本与数据来源

本章与第四章使用相同的数据样本，即使用2013—2019年新三板挂牌企业为样本，但不包括如下企业：①金融类（银行、证券、保险及其他金融类企业）与房地产企业，因为金融类企业的财务准则与一般制造业企业的财务准则不同，相关信息的可比性较弱；②标识为 ST 及 * ST 类企业，因为该类企业面临退市风险，财务信息可能不准确；③财务信息、公司治理信息异常或缺失的企业，信息缺失会影响实证结果的可靠性。但是本章的数据只包括有政府引导基金投资的企业样本，最终整理获得 342 家企业从 2013—2019 年共 1 199 个企业年样本数据。

本章样本中政府引导基金数据来自清科数据库私募通（PEdata），风险投资机构数据来自投中数据库（CVSource），企业专利数据来自色诺芬（CCER）新三板专利库，企业研发数据来自万得数据库（Wind），财务数据来自万得数据库，同时配合部分手工搜集与整理。为了克服极端值的影响，本章对连续变量前后各 1%进行了 Winsorize 缩尾处理。

二、变量定义

（一）因变量

本章因变量与第四章相同，主要为企业创新投入和创新产出，其中创新投入使用企业总的研发费用来衡量（张慧雪 等，2020）。在稳健性检验中也使用企业研发费用占营业收入之比代表企业创新投入（黄福广和王建业，2019）。创新产出使用企业申请的专利总数和发明专利申请数量来衡量（Tian and Wang，2014；陈思 等，2017；沈毅 等，2019），具体为当年所有专利申请数加 1 取对数为总体专利产出，当年发明专利申请数加 1 取对数为发明专利产出。在稳健性检验中，也使用发明专利与专利总数之比进行替换（张慧雪 等，2020）。

（二）自变量

本章将自变量具体细分为高声誉风险投资机构和低声誉风险投资机构，同时在机制检验中，加入代表企业融资约束程度的分组变量。关于机构声誉的测量，参考杨敏利等（2017）并考虑到数据的完整性，使用投中数据库中关于风险投资机构的排名来衡量。同时在稳健性检验中，使用风险投资机构成立年限和管理资金规模来替换（Gompers，1996；Krishnan et al，2011）。

（三）控制变量

1. 企业特征变量

关于企业特征变量，借鉴已有文献（Tian and Wang，2014；陈思 等，2017；沈毅 等，2019），本书选取企业规模、企业资产负债率、企业年龄、企业成长性、企业盈利能力、有形资产占比作为控制变量。

2. 公司治理变量

除了公司财务指标等特征变量，本书还衡量了公司治理结构指标。对股权结构的变量，本书选取前十大股东持股比例之和来衡量。董事会结构变量选取董事会规模来衡量（沈毅 等，2019）。

3. 其他变量

其他变量包括机构投资者持股比例、企业所在行业和企业所在地区的省份（张慧雪 等，2020）。

此外，为了验证风险投资机构声誉对企业创新的影响，本章增加了影响机构声誉的控制变量，包括风险投资机构自身规模（黄福广和贾西猛，2018）。

三、实证模型

为了检验风险投资机构的声誉对政府引导基金与企业创新关系的影响，建立模型（6.1）。

$$\ln\mathrm{rd}_{i,t}/\ln\mathrm{patent}_{i,t}/\ln\mathrm{invention}_{i,t} = \alpha_0 + \alpha_1 \mathrm{reputation}_{i,t} + \alpha_2\, \mathrm{controls}_{i,t} +$$
$$\mathrm{indFE} + \mathrm{yearFE} + \varepsilon_{i,t} \qquad (6.1)$$

其中因变量 $\ln\mathrm{rd}_{i,t}$ 为企业 i 当年的研发支出总额，$\ln\mathrm{patent}_{i,t}$ 为企业 i 当年的专利申请总数，$\ln\mathrm{invention}_{i,t}$ 为企业 i 当年的发明专利申请总数。自变量 $\mathrm{reputation}_{i,t}$ 表示被投资企业获得的风险投资机构的声誉高低，该变量为 1 代表高声誉风险投资机构，为 0 则代表低声誉风险投资机构。因变量是连续变量，自变量是 0-1 虚拟变量，采用最小二乘法进行回归，并控制行业和年份固定效应。$\mathrm{controls}_{i,t}$ 为控制变量，包括企业规模、企业年龄、盈利能力、资产负债率、成长性和有形资产比例，同时包括公司治理特征的股权集中度、董事会规模和机构持股比例合计，以及风险投资机构的自身规模大小（jigousize）。回归系数中，α_0 为常数项，α_1 为解释变量回归系数，α_2 为控制变量回归系数，ε 为误差项。

第三节　全样本分布分析

一、自变量分布特征

本章自变量是政府引导基金委托的风险投资机构的声誉，具体描述性统计分析可见表6-1。

二、因变量和控制变量分布特征

本章因变量和主要控制变量分布特征与第四章相同，具体可以见表4-4。新增的其他控制变量描述性统计分析见表6-1。

由表6-1可以看出，风险投资机构中高声誉风险投资机构的占比为17.3%，中位数为0，也就是说在样本企业中有17.3%的风险投资机构是高声誉风险投资机构，其余都是低声誉风险投资机构。对于控制变量风险投资机构自身规模而言，最大值为13.878，最小值为4.615，标准差为2.202，表明风险投资机构规模之间差异较大。风险投资机构规模的均值为8.080，中位数为8.007，均值和中位数二者比较接近。

表6-1　变量描述性统计：风险投资机构声誉新增变量

variable	N	mean	min	p25	p50	p75	max	sd
reputation	1 199	0.173	0	0	0	0	1	0.378
jigousize	1 199	8.080	4.615	6.399	8.007	9.266	13.878	2.202

第四节　实证分析及回归结果

一、变量间相关性分析

对本章分析的主要因变量、自变量和控制变量做相关性检验，Pearson相关系数检验结果见表6-2。

从表6-2可以看出，因变量和部分控制变量相关关系和具体系数与表4-6一致，在此不再赘述，下面重点阐述新增变量之间的相关关系。由

表 6-2 叫以看出，自变量风险投资机构声誉与企业研发投入有显著正相关关系，二者的相关系数是 0.061，在 5% 水平上显著。这表明机构声誉越高，企业研发投入越多。风险投资机构声誉与企业发明专利产出有显著正相关关系，二者的相关系数是 0.159，在 1% 水平上显著。这表明机构声誉越高，企业的发明专利产出越多。

对于自变量与控制变量而言，风险投资机构声誉与风险投资机构自身规模显著正相关，二者的相关系数是 0.484，在 1% 水平上显著，表明风险投资机构的规模越大，声誉越高。风险投资机构声誉与企业规模也显著正相关，二者的相关系数是 0.068，在 5% 水平上显著，表明企业的规模越大，获得投资的风险投资机构声誉越高。风险投资机构声誉与企业的成长性在 10% 水平上显著正相关，二者的相关系数是 0.048，表明企业的成长性越好，获得的风险投资机构的声誉越高。风险投资机构声誉与企业的机构投资者持股比例在 10% 水平上显著正相关，二者的相关系数是 0.048，表明机构持股比例越高，获得的风险投资机构的声誉越高。但是风险投资机构的声誉与企业的前十大股东持股比例在 10% 水平上显著负相关，二者的相关系数是 -0.052，表明企业的股权集中度越高，获得的风险投资机构的声誉越低。

对于控制变量风险投资机构自身规模而言，风险投资机构规模与企业的发明专利产出在 5% 水平上显著正相关，二者的相关系数是 0.088，表明风险投资机构规模越大，企业的发明专利产出越多。风险投资机构规模与企业规模在 1% 水平上显著正相关，二者的相关系数是 0.154，表明企业自身规模越大，获得投资的风险投资机构的规模也越大。风险投资机构规模与企业的董事会规模在 1% 水平上显著正相关，二者的相关系数是 0.101，表明企业的董事会规模越大，获得投资的风险投资机构的规模越大。但是风险投资机构规模与企业的前十大股东持股比例在 1% 水平上显著负相关，二者的相关系数是 -0.109，表明企业的股权集中度越高，获得投资的风险投资机构的规模越小。

总体来看，新增加的各变量之间的相关系数绝对值都小于 0.5，表明存在共线性的可能性较小。但是以上相关性结果只能作为相关关系分析的初步判断，关于具体关系仍以回归结果为主。

表 6-2　变量相关系数表

	lnrd	lnpatent	lninvention	reputation	jigousize	firmsize	firmage
lnrd	1.000						
lnpatent	0.189***	1.000					
lninvention	0.303***	0.751***	1.000				
reputation	0.061**	0.057	0.159***	1.000			
jigousize	0.016	0.031	0.088**	0.484***	1.000		
firmsize	0.192***	0.192***	0.232***	0.068**	0.154***	1.000	
firmage	0.122***	−0.052	−0.056	−0.042	−0.021	0.359***	1.000
lev	−0.063**	0.017	0.054	0.014	0.022	0.210***	0.202***
roa	0.053*	0.061	−0.012	−0.047	0.030	0.225***	0.078***
growth	0.044	0.033	0.058	0.048*	0.021	−0.009	−0.140***
tangibility	0.019	0.029	−0.028	0.032	−0.004	−0.155***	−0.143***
board	0.224***	0.123***	0.127***	0.022	0.101***	0.499***	0.133***
tenshare	−0.142***	−0.113***	−0.129***	−0.052*	−0.109***	−0.381***	−0.162***
institution	−0.014	−0.065	0.004	0.048*	−0.014	0.064**	−0.017

	lev	roa	growth	tangibility	board	tenshare	institution
lev	1.000						
roa	−0.102***	1.000					
growth	−0.009	0.188***	1.000				
tangibility	−0.870***	0.183***	0.004	1.000			
board	−0.035	0.053*	−0.045	0.028	1.000		
tenshare	0.049*	0.124***	0.035	−0.044	−0.337***	1.000	
institution	0.001	−0.048*	0.013	−0.024	0.065**	0.266***	1.000

二、回归结果与分析

（一）风险投资机构声誉对引导基金与企业创新关系影响的回归结果

对模型（6.1）进行回归，因变量为企业创新投入和创新产出，其中专利产出包括申请的专利总数和发明专利总数，控制变量包括风险投资机构特征、企业的财务特征和公司治理特征等，回归结果见表6-3。

对于研发投入而言，首先仅用自变量风险投资机构声誉进行纯净回归，然后添加相关控制变量，最后添加行业和年份固定效应。回归结果见表6-3第（1）—（3）列。在未加入任何控制变量的情况下风险投资机构声誉与企业创新投入在5%水平上显著正相关，二者的回归系数是0.375。第（2）列结果显示加入相关控制变量后，风险投资机构声誉与企业研发投入在1%水平上显著正相关，二者的回归系数是0.550。第（3）列加入相关控制变量和行业与年份固定效应后，风险投资机构声誉与企业研发投入在1%水平上显著正相关，二者的回归系数是0.495。由此可以看出，无论是否添加控制变量或固定效应，风险投资机构声誉与企业研发投入都存在显著的正相关关系。因此表4-7第（1）—（3）列的结果验证了部分假设6.1，政府委托高声誉风险投资机构促进了企业研发投入。

对于专利产出而言，由第（4）—（6）列可以看出，无论是否加入控制变量和相关的行业与年份固定效应，风险投资机构声誉与企业的专利总数都没有显著关系。对于发明专利而言，第（7）列未加入任何控制变量的纯净回归显示，风险投资机构声誉与企业的发明专利产出在1%水平上显著正相关，二者的回归系数是0.308。第（8）列加入控制变量后，风险投资机构声誉与企业的发明专利产出在5%水平上显著正相关，二者的回归系数是0.250。第（9）加入控制变量和行业与年份固定效应后，风险投资机构声誉与企业发明专利产出在5%水平上显著正相关，二者的回归系数是0.250。因此表6.3第（7）—（9）列的结果验证了部分假设6.1，即政府引导基金委托高声誉风险投资机构促进了企业创新产出。

对于新增加的风险投资机构规模控制变量而言，风险投资机构自身规模越大，企业的研发投入反而越低，说明大规模的风险投资机构可能不利于企业的研发投入。其余控制变量的经济显著性和统计显著性基本与第四章主回归的结果一致，在此不再赘述。

表 6-3 风险投资机构声誉对引导基金与企业创新关系影响的回归结果

	(1) lnrd	(2) lnrd	(3) lnrd	(4) lnpatent	(5) lnpatent	(6) lnpatent	(7) lninvention	(8) lninvention	(9) lninvention
reputation	0.375** (2.001)	0.550*** (2.715)	0.495*** (3.510)	0.125 (1.331)	0.089 (0.797)	0.092 (0.816)	0.308*** (3.080)	0.250** (2.290)	0.250** (2.177)
jigousize		-0.061* (-1.768)	-0.055** (-2.203)		-0.020 (-1.086)	-0.008 (-0.395)		-0.016 (-0.832)	-0.021 (-0.985)
firmsize		0.188* (1.847)	0.375*** (5.626)		0.175*** (3.719)	0.197*** (3.932)		0.196*** (4.046)	0.229*** (4.555)
firmage		0.046*** (3.182)	0.001 (0.076)		-0.025*** (-3.481)	-0.023*** (-3.067)		-0.023*** (-3.227)	-0.020** (-2.523)
lev		-0.032*** (-4.248)	-0.017** (-2.525)		0.009** (2.300)	0.012*** (2.729)		0.004 (1.087)	0.011*** (2.783)
roa		0.003 (0.603)	0.006* (1.647)		-0.001 (-0.389)	-0.002 (-0.541)		-0.006* (-1.683)	-0.006* (-1.791)
growth		0.003* (1.943)	0.001 (1.349)		0.000 (0.521)	-0.000 (-0.381)		0.001 (0.909)	-0.000 (-0.029)
tangibility		-0.023*** (-3.103)	-0.020*** (-3.455)		0.010*** (2.691)	0.010** (2.530)		0.004 (1.141)	0.008** (2.208)
board		0.238*** (4.770)	0.127*** (3.279)		0.017 (0.640)	0.024 (0.890)		0.003 (0.105)	0.023 (0.825)

表6-3（续）

	(1) lnrd	(2) lnrd	(3) lnrd	(4) lnpatent	(5) lnpatent	(6) lnpatent	(7) lninvention	(8) lninvention	(9) lninvention
tenshare		-0.006 (-0.928)	-0.001 (-0.153)		-0.002 (-0.739)	0.001 (0.277)		-0.002 (-0.588)	0.002 (0.481)
institution		-0.003 (-0.947)	-0.001 (-0.411)		-0.003** (-2.087)	-0.002 (-1.303)		-0.000 (-0.321)	-0.001 (-0.586)
region		-0.006 (-0.708)	0.000 (0.069)		-0.005 (-1.103)	0.003 (0.654)		-0.002 (-0.404)	0.004 (0.655)
_cons	5.985*** (81.991)	6.281*** (5.999)	2.509* (1.667)	1.870*** (49.135)	0.768 (1.459)	0.218 (0.296)	1.417*** (39.761)	0.576 (1.179)	-0.667 (-1.058)
Industry	No	No	Yes	No	No	Yes	No	No	Yes
Year	No	No	Yes	No	No	Yes	No	No	Yes
adj. R^2	0.003	0.082	0.503	0.002	0.053	0.160	0.023	0.076	0.187
N	1 199	1 199	1 199	610	610	610	500	500	500

三、机制分析

（一）高声誉风险投资机构通过缓解企业融资约束提高企业创新

通过前面理论分析可知，高声誉风险投资机构更能缓解企业融资约束，进而促进企业创新。关于融资约束的测量方法有很多，但是大多数方法都以内生性的财务指标为基础，并不是与融资约束直接关联，因此可能导致结论产生偏差。为避免以上不足，本书借鉴 Kaplan 和 Zingles（1997）和 Hadlock 和 Pierce（2010）的研究思路，采用卢太平和张东旭（2014）对融资约束变量的测量。具体公式为：$-0.737 \times Size + 0.043 \times Size^2 - 0.040 \times Age^2$，其中 Size 是企业规模的自然对数，Age 为企业成立时间长短，该数值越大，企业面临的融资约束程度越高。因此按照融资约束程度的中位数对样本企业进行分组，位于中位数以上的为高融资约束组，位于中位数以下的为低融资约束组，继续使用模型（6.1）进行回归。回归结果见表6-4。

由表6-4的回归结果可以看出，风险投资机构声誉与企业的研发投入在融资约束高组显著正相关，二者的回归系数是0.538，在1%水平上显著。在融资约束低组，风险投资机构声誉与企业的研发投入在5%水平上显著，二者的回归系数是0.491。由此可以看出，高声誉风险投资机构确实通过缓解企业融资约束促进了企业创新投入，部分支持了假设6.2。但是对于企业的专利产出，高声誉风险投资机构通过缓解企业融资约束的作用机制不显著。

表6-4　风险投资机构声誉对企业创新影响的机制回归结果

| | 融资约束高 | 融资约束低 | 融资约束高 | 融资约束低 | 融资约束高 | 融资约束低 |
	lnrd	lnrd	lnpatent	lnpatent	lninvention	lninvention
reputation	0.538 ***	0.491 **	0.143	−0.110	0.327	0.151
	(3.042)	(2.150)	(0.763)	(−0.626)	(1.454)	(1.001)
jigousize	−0.028	−0.073 **	−0.018	0.034	−0.036	0.003
	(−0.866)	(−2.009)	(−0.567)	(1.010)	(−0.946)	(0.110)
firmsize	0.595 ***	0.300 ***	0.192 **	0.239 ***	0.230 **	0.244 ***
	(5.575)	(3.259)	(2.390)	(3.365)	(2.465)	(3.603)
firmage	0.015	−0.041 *	−0.098 ***	−0.015	−0.080 ***	−0.015
	(0.380)	(−1.948)	(−3.835)	(−0.927)	(−2.886)	(−0.957)

表6-4(续)

	融资约束高	融资约束低	融资约束高	融资约束低	融资约束高	融资约束低
	lnrd	lnrd	lnpatent	lnpatent	lninvention	lninvention
lev	−0.025***	−0.000	0.002	0.017***	−0.001	0.022***
	(−2.947)	(−0.007)	(0.283)	(2.686)	(−0.179)	(3.639)
roa	0.002	0.005	−0.006	0.008*	−0.009*	0.005
	(0.451)	(1.040)	(−1.300)	(1.653)	(−1.896)	(0.988)
growth	0.000	0.002	−0.000	−0.002	0.000	−0.002*
	(0.301)	(1.387)	(−0.159)	(−1.594)	(0.378)	(−1.768)
tangibility	−0.024***	−0.010	0.001	0.015**	−0.002	0.017***
	(−3.401)	(−0.894)	(0.246)	(2.362)	(−0.341)	(2.901)
board	−0.014	0.219***	0.039	0.018	0.022	0.026
	(−0.251)	(4.527)	(0.837)	(0.528)	(0.394)	(0.786)
tenshare	0.007	−0.009	0.008	−0.002	0.007	−0.001
	(0.934)	(−1.118)	(1.564)	(−0.350)	(1.206)	(−0.220)
institution	−0.002	−0.002	−0.001	−0.002	−0.001	0.000
	(−0.514)	(−0.518)	(−0.440)	(−0.924)	(−0.420)	(0.007)
region	−0.009	0.021**	0.008	0.003	0.005	0.006
	(−0.827)	(2.505)	(0.947)	(0.422)	(0.513)	(0.774)
_cons	0.365	3.644	0.574	−0.398	0.564	−1.933*
	(0.194)	(1.368)	(0.527)	(−0.357)	(0.525)	(−1.911)
Industry	Yes	Yes	Yes	Yes	Yes	Yes
Year	Yes	Yes	Yes	Yes	Yes	Yes
adj. R^2	0.560	0.547	0.139	0.225	0.074	0.292
N	600	599	262	348	216	284

四、稳健性检验

（一）变量测量

1. 自变量的测量

本章风险投资机构声誉使用的是风险投资机构的排名，在稳健性检验中使用风险投资机构成立年限和风险投资机构管理资金规模作替换，依然使用公式（6.1）进行回归，回归结果见表6-5和表6-6。

表 6-5 风险投资机构声誉对引导基金与企业创新关系影响的回归结果：自变量为风险投资机构成立年限

	(1) lnrd	(2) lnrd	(3) lnrd	(4) lnpatent	(5) lnpatent	(6) lnpatent	(7) lninvention	(8) lninvention	(9) lninvention
reputation1	0.028** (1.965)	0.028* (1.815)	0.009 (0.802)	0.001 (0.058)	-0.003 (-0.410)	-0.004 (-0.590)	0.008 (1.090)	0.001 (0.088)	-0.001 (-0.111)
jigousize		-0.044 (-1.286)	-0.023 (-0.888)		-0.008 (-0.443)	0.006 (0.351)		0.011 (0.630)	0.007 (0.414)
firmsize		0.205** (2.017)	0.388*** (5.847)		0.180*** (3.814)	0.203*** (4.072)		0.209*** (4.269)	0.246*** (4.965)
firmage		0.044*** (3.080)	0.001 (0.064)		-0.025*** (-3.460)	-0.023*** (-3.036)		-0.023*** (-3.238)	-0.021*** (-2.606)
lev		-0.030*** (-3.821)	-0.015** (-2.251)		0.009** (2.298)	0.012*** (2.716)		0.005 (1.280)	0.012*** (2.886)
roa		0.003 (0.500)	0.005 (1.471)		-0.002 (-0.531)	-0.002 (-0.691)		-0.007** (-2.054)	-0.007** (-2.118)
growth		0.003** (2.277)	0.001* (1.688)		0.000 (0.507)	-0.000 (-0.375)		0.001 (0.995)	0.000 (0.034)
tangibility		-0.019*** (-2.602)	-0.018*** (-3.147)		0.010*** (2.661)	0.010** (2.502)		0.005 (1.381)	0.008** (2.355)
board		0.228*** (4.579)	0.126*** (3.239)		0.015 (0.568)	0.023 (0.830)		-0.003 (-0.111)	0.019 (0.674)

表6-5（续）

	(1) lnrd	(2) lnrd	(3) lnrd	(4) lnpatent	(5) lnpatent	(6) lnpatent	(7) lninvention	(8) lninvention	(9) lninvention
tenshare		-0.005 (-0.785)	-0.000 (-0.087)		-0.002 (-0.785)	0.001 (0.238)		-0.002 (-0.606)	0.002 (0.540)
institution		-0.002 (-0.729)	-0.001 (-0.237)		-0.003** (-2.088)	-0.002 (-1.348)		-0.000 (-0.246)	-0.001 (-0.675)
region		-0.007 (-0.864)	-0.001 (-0.085)		-0.005 (-1.120)	0.003 (0.658)		-0.002 (-0.449)	0.004 (0.727)
_cons	5.789*** (38.236)	5.588*** (5.287)	1.860 (1.270)	1.890*** (28.073)	0.717 (1.375)	0.145 (0.203)	1.405*** (21.335)	0.313 (0.642)	-0.994 (-1.628)
Industry	No	No	Yes	No	No	Yes	No	No	Yes
Year	No	No	Yes	No	No	Yes	No	No	Yes
adj. R^2	0.003	0.079	0.499	0.001	0.052	0.160	0.001	0.066	0.178
N	1 199	1 199	1 199	610	610	610	500	500	500

由表6-5的第（1）—（2）列可以看出，当风险投资机构排名替换为风险投资机构成立年限时（reputation1），不加入任何控制变量的情况下，风险投资机构声誉与企业的研发投入显著正相关，二者的回归系数是0.028，在5%水平上显著。加入控制变量后，风险投资机构声誉与企业的研发投入在10%水平上显著，二者的回归系数是0.028。说明风险投资机构的声誉越高，企业的创新投入越大，替换自变量测量不会改变原结论的稳健性。

由表6-6可以看出，当风险投资机构的声誉用风险投资机构管理资金规模测量时（reputation2），风险投资机构声誉与企业的研发投入在5%水平上显著，二者的回归系数是0.128。说明风险投资机构的声誉越高，企业的研发投入越多。风险投资机构声誉与企业的专利总数在10%水平上显著，二者的回归系数是0.090。说明风险投资机构声誉越高，企业的专利总数越多。风险投资机构的声誉与企业的发明专利产出在5%水平上显著，二者的回归系数是0.115。说明风险投资机构声誉越高，企业的发明专利产出数量越多。上述结论表明替换风险投资机构声誉的变量测量不会改变原结论的稳健性。

2. 因变量的测量

本章主回归关于因变量创新投入的测量使用的是研发费用总额，在稳健性检验中参考黄福广和王建业（2019）使用研发支出与销售收入占比来衡量（rdshouru）。关于发明专利的测量使用的是发明专利总数的自然对数，在稳健性检验中参考张慧雪等（2020）使用发明专利与专利总数之比来衡量（ratio）。继续使用模型（6.1）进行回归检验，自变量和其他控制变量与主回归一致，回归结果详见表6-7。

由表6-7的回归结果可以看出，风险投资机构声誉对企业的发明专利产出有显著正向影响，二者的回归系数是0.079，在10%水平上显著正相关。说明风险投资机构声誉越高，企业的发明专利产出越多，替换因变量的测量不会影响原结论的稳健性。

表6-6 风险投资机构声誉对引导基金与企业创新关系影响的回归结果：自变量为风险投资机构管理资金规模

	(1) lnrd	(2) lnrd	(3) lnrd	(4) lnpatent	(5) lnpatent	(6) lnpatent	(7) lninvention	(8) lninvention	(9) lninvention
reputation2	0.048	0.115	0.128**	0.021	0.052	0.090*	0.057**	0.052	0.115**
	(0.920)	(1.493)	(2.188)	(0.833)	(1.245)	(1.890)	(2.056)	(1.349)	(2.409)
jigousize		-0.065	-0.067		-0.060	-0.083*		-0.040	-0.115**
		(-1.084)	(-1.418)		(-1.558)	(-1.838)		(-1.079)	(-2.338)
firmsize		0.434**	0.450***		0.163*	0.114		0.226***	0.186*
		(2.471)	(4.318)		(1.884)	(1.162)		(2.691)	(1.949)
firmage		0.072***	0.032*		-0.010	-0.003		-0.023**	-0.007
		(2.897)	(1.735)		(-0.867)	(-0.217)		(-2.074)	(-0.491)
lev		-0.049***	-0.010		0.016**	0.017**		0.014**	0.010
		(-4.589)	(-0.929)		(2.389)	(2.443)		(2.270)	(1.405)
roa		0.001	0.008		0.000	0.001		-0.004	-0.005
		(0.125)	(1.609)		(0.034)	(0.192)		(-0.979)	(-1.186)
growth		0.002	0.001		-0.000	-0.000		-0.000	-0.000
		(1.250)	(0.849)		(-0.512)	(-0.593)		(-0.030)	(-0.000)
tangibility		-0.042***	-0.019**		0.013**	0.007		0.009	0.004
		(-4.045)	(-2.236)		(2.115)	(1.164)		(1.614)	(0.669)
board		0.168**	0.111*		0.030	0.056		0.026	0.028
		(2.294)	(1.713)		(0.778)	(1.371)		(0.706)	(0.695)

表6-6（续）

	(1) lnrd	(2) lnrd	(3) lnrd	(4) lnpatent	(5) lnpatent	(6) lnpatent	(7) lninvention	(8) lninvention	(9) lninvention
tenshare		-0.030***	-0.017*		-0.005	-0.007		-0.008	-0.012**
		(-2.898)	(-1.744)		(-1.169)	(-1.254)		(-1.652)	(-1.985)
institution		-0.004	-0.003		-0.004*	0.001		-0.002	-0.001
		(-0.840)	(-0.643)		(-1.694)	(0.419)		(-0.773)	(-0.391)
region		-0.007	0.014		-0.015**	0.009		-0.009	-0.002
		(-0.502)	(1.116)		(-1.995)	(0.911)		(-1.086)	(-0.167)
_cons	5.862***	8.548***	-0.692	1.843***	0.749	0.235	1.308***	0.323	1.468
	(23.423)	(5.924)	(-0.273)	(15.318)	(0.945)	(0.180)	(10.461)	(0.410)	(1.150)
Industry	No	No	Yes	No	No	Yes	No	No	Yes
Year	No	No	Yes	No	No	Yes	No	No	Yes
adj. R^2	0.002	0.159	0.567	0.003	0.057	0.259	0.015	0.126	0.282
N	505	505	505	269	269	269	224	224	224

表 6-7　风险投资机构声誉对引导基金与企业创新关系影响的回归结果：
变换因变量的测量

	（1）rdshouru	（2）rdshouru	（3）rdshouru	（4）ratio	（5）ratio	（6）ratio
reputation	−1.516	1.059	1.707	0.120***	0.063	0.079*
	（−0.841）	（0.509）	（0.746）	（3.153）	（1.314）	（1.685）
jigousize		−0.884**	−1.080**		0.015*	−0.000
		（−2.111）	（−2.158）		（1.658）	（−0.030）
firmsize		−2.845***	−2.715***		0.028	0.001
		（−3.273）	（−2.930）		（1.468）	（0.043）
firmage		−0.158	−0.332*		−0.002	−0.002
		（−1.045）	（−1.917）		（−0.500）	（−0.477）
lev		−0.481***	−0.421***		−0.002	0.001
		（−4.622）	（−4.054）		（−1.000）	（0.327）
roa		−0.537***	−0.527***		−0.003***	−0.003***
		（−5.140）	（−4.966）		（−2.879）	（−2.648）
growth		−0.000	−0.009		0.000	0.000*
		（−0.008）	（−0.499）		（1.054）	（1.711）
tangibility		−0.277***	−0.249***		−0.003	−0.000
		（−2.792）	（−2.592）		（−1.479）	（−0.253）
board		1.376**	1.284*		−0.014	0.001
		（2.035）	（1.829）		（−1.340）	（0.072）
tenshare		−0.029	−0.077		−0.000	−0.001
		（−0.485）	（−1.057）		（−0.003）	（−0.487）
institution		−0.010	0.006		0.001*	0.000
		（−0.340）	（0.186）		（1.808）	（0.282）
region		0.004	0.098		0.001	−0.001
		（0.041）	（1.012）		（0.684）	（−0.418）
_cons	12.030***	64.252***	54.204***	0.616***	0.639***	0.722**
	（14.733）	（5.132）	（3.848）	（37.529）	（2.613）	（2.258）
Industry	No	No	Yes	No	No	Yes
Year	No	No	Yes	No	No	Yes
adj. R^2	0.001	0.201	0.233	0.018	0.041	0.284
N	1 199	1 199	1 199	500	500	500

（二）样本替换

1. 删除创新数据为 0 的样本

为了防止研发投入和创新产出为 0 的企业对回归结果产生的干扰，在稳健性检验中把企业研发投入为 0 的研究样本删除（Moshirian F et al., 2021），使用模型（6.1）进行回归检验，因变量、自变量和其他控制变量与主回归一致，回归结果详见表 6-8。

由表 6-8 的回归结果可以看出，删除企业研发投入为 0 的数据样本后，风险投资机构声誉与企业研发投入依然显著正相关。在不加入任何控制变量的情况下，二者的回归系数是 0.521，在 1% 水平上显著。加入相关控制变量后，二者的回归系数是 0.519，在 1% 水平上显著。加入控制变量和年份及行业固定效应后，二者的回归系数是 0.373，在 1% 水平上显著。说明风险投资机构的声誉越高，企业的研发投入越多，与主回归的结论一致，替换样本不会影响原结论的稳健性。

表 6-8　风险投资机构声誉对引导基金与企业创新关系影响的回归结果：
删除研发投入为 0 的样本

	(1) lnrd	(2) lnrd	(3) lnrd
reputation	0.521 ***	0.519 ***	0.373 ***
	(5.671)	(6.242)	(4.634)
jigousize		−0.063 ***	−0.042 ***
		(−3.882)	(−2.756)
firmsize		0.573 ***	0.623 ***
		(13.603)	(14.845)
firmage		0.005	0.005
		(0.763)	(0.629)
lev		−0.015 ***	−0.007 *
		(−3.767)	(−1.927)
roa		−0.008 ***	−0.006 **
		(−3.366)	(−2.305)
growth		0.001 *	0.001
		(1.878)	(1.600)
tangibility		−0.009 **	−0.007 *
		(−2.150)	(−1.852)

表6-8(续)

	(1) lnrd	(2) lnrd	(3) lnrd
board		0.107 *** (4.379)	0.109 *** (4.622)
tenshare		0.002 (0.607)	0.003 (1.022)
institution		0.001 (0.842)	0.002 (1.342)
region		0.002 (0.464)	0.002 (0.364)
_cons	6.633 *** (159.469)	4.031 *** (7.157)	2.867 *** (4.877)
Industry	No	No	Yes
Year	No	No	Yes
adj. R²	0.024	0.330	0.483
N	1 079	1 079	1 079

2. 删除创新发达地区

企业创新存在一定的地区聚集效应,为排除该效应的影响,将创新高产出的地区加以剔除(Moshirian F et al., 2021),主要包括北京、上海和广东,剔除后使用模型(6.1)进行回归检验。因变量、自变量和其他控制变量与主回归一致,回归结果详见表6-9。

由表6-9的回归结果可以看出,删除创新聚集地的样本后,风险投资机构声誉与企业专利总数和发明专利产出均在1%水平上显著正相关。第(6)列加入相关控制变量和行业及年份固定效应后,风险投资机构声誉与企业的专利总数回归系数是0.462。第(9)列加入相关控制变量和行业及年份固定效应后,风险投资机构声誉与企业的发明专利回归系数是0.577。说明风险投资机构声誉越高,企业的专利产出越多。上述结果无论从经济显著性还是从统计显著性分析,均与主回归基本一致,因此替换样本不会影响原结论的稳健性。

表6-9 风险投资机构声誉对引导基金与企业创新关系影响的回归结果：删除创新发达地区

	(1) lnrd	(2) lnrd	(3) lnrd	(4) lnpatent	(5) lnpatent	(6) lnpatent	(7) lninvention	(8) lninvention	(9) lninvention
reputation	0.189 (0.746)	0.002 (0.006)	0.222 (1.231)	0.295*** (2.593)	0.410*** (3.261)	0.462*** (3.717)	0.439*** (3.533)	0.441*** (3.546)	0.577*** (4.426)
jigousize		0.041 (0.854)	-0.034 (-1.023)		-0.057*** (-2.618)	-0.062** (-2.540)		-0.023 (-0.994)	-0.061** (-2.295)
firmsize		0.350*** (2.654)	0.521*** (5.675)		0.217*** (3.826)	0.261*** (4.140)		0.233*** (3.989)	0.256*** (4.109)
firmage		0.039** (2.303)	-0.003 (-0.265)		-0.033*** (-3.940)	-0.034*** (-3.852)		-0.028*** (-3.368)	-0.030*** (-3.272)
lev		-0.029*** (-2.619)	-0.022** (-2.520)		0.010* (1.663)	0.011* (1.677)		0.009 (1.570)	0.015*** (2.639)
roa		0.015* (1.843)	0.011** (2.052)		-0.001 (-0.124)	-0.000 (-0.036)		-0.003 (-0.640)	-0.004 (-0.803)
growth		0.003* (1.842)	0.002* (1.719)		0.001 (0.643)	-0.000 (-0.530)		0.001 (1.158)	0.000 (0.375)
tangibility		-0.018 (-1.541)	-0.024*** (-3.062)		0.010* (1.775)	0.009 (1.464)		0.009* (1.698)	0.014** (2.530)
board		0.058 (0.941)	0.030 (0.575)		0.012 (0.364)	0.029 (0.858)		-0.002 (-0.057)	0.027 (0.783)

表6-9（续）

	(1)	(2)	(3)	(4)	(5)	(6)	(7)	(8)	(9)
	lnrd	lnrd	lnrd	lnpatent	lnpatent	lnpatent	lninvention	lninvention	lninvention
tenshare		-0.008	-0.005		-0.006*	0.000		-0.004	0.003
		(-1.033)	(-0.764)		(-1.694)	(0.033)		(-1.083)	(0.704)
institution		-0.007*	-0.004		-0.003	-0.002		-0.001	-0.001
		(-1.847)	(-1.551)		(-1.618)	(-0.928)		(-0.434)	(-0.846)
region		-0.036***	-0.017*		-0.011**	0.000		-0.006	-0.002
		(-3.154)	(-1.865)		(-2.003)	(0.035)		(-0.962)	(-0.254)
_cons	5.899***	6.020***	-0.551	1.886***	1.291*	-0.465	1.437***	0.344	-1.365
	(64.918)	(3.930)	(-0.419)	(40.305)	(1.744)	(-0.491)	(31.789)	(0.514)	(-1.484)
Industry	No	No	Yes	No	No	Yes	No	No	Yes
Year	No	No	Yes	No	No	Yes	No	No	Yes
adj. R^2	0.001	0.090	0.529	0.017	0.114	0.256	0.048	0.131	0.305
N	717	717	717	402	402	402	326	326	326

五、实证结果小节

本章在第四章政府引导基金对企业创新关系的基础上，进一步根据风险投资机构声誉高低不同将自变量分为两种类型设计模型进行研究，依然使用新三板挂牌企业为样本，通过多元线性回归验证本章提出的研究假设。

在控制风险投资机构特征、企业财务特征和公司治理特征后，本章研究发现风险投资机构的声誉越高，对企业研发投入的促进作用越强，对企业的发明专利产出的促进作用越强，但是对企业专利总数无显著影响。探究其中的机制发现，高声誉风险投资机构通过缓解企业融资约束来提高企业研发投入。在主回归中，风险投资机构的声誉测量使用的是风险投资机构的排名，在稳健性检验中使用风险投资机构成立年限、风险投资机构管理资金规模进行替换，原结论依然成立。在主回归中使用企业的研发支出总额代表创新投入，使用专利总数和发明专利总数代表创新产出，在稳健性检验中使用企业的研发投入与营业收入之比、企业的发明专利占专利总数之比做替换，原结论依然成立。说明替换变量测量不会影响原结论的稳健性。此外，为了防止创新的聚集效应，将企业研发投入为0、企业创新聚集地区样本分别删除后重新回归，原结论依然成立，说明替换样本不会影响原结论的稳健性。

总的来看，本章的结果表明政府引导基金委托高声誉风险投资机构更能促进企业创新，也就是政府引导基金借助了高声誉风险投资机构的认证作用，更好地缓解企业融资约束，进而提高企业创新。

第七章 受托风险投资机构专业化对引导基金与企业创新关系的影响研究

第一节 理论分析和研究假设

一、阶段专业化定义及特征

专业化投资是风险投资领域一类重要的投资策略,通常包括行业专业化、地域专业化和阶段专业化(沈维涛和胡刘芬,2014)。行业专业化指风险投资机构专注投资于某些特定行业企业,较少甚至不投资其他行业的企业。比如,某些风险投资机构可能专注投资于高科技行业,而较少投资传统行业(黄福广 等,2016)。地域专业化是指风险投资机构偏好投资于本地企业,即所谓的"地理临近"(吴翠凤 等,2014)。阶段专业化是指风险投资机构专注于投资企业发展过程中的某一阶段,例如企业的种子期、成长早期等(黄福广 等,2016)。从事专业化投资策略的风险投资机构能够积累相关专业的投资经验,降低风险投资人与创始人之间的委托代理成本,更有利于风险投资人把相关知识和经验向被投资企业传递(Gompers and Kaplan,2016)。

本章重点关注阶段专业化中的早期阶段专业化,这与政府引导基金的设立目标即促进创新创业相一致。实施阶段专业化的风险资本能够积累某一特定阶段的深度知识,为与之相匹配的企业阶段提供更有针对性的后期增值服务,进而更有利于促进企业创新。同时,从企业角度分析,根据企业生命周期理论,企业通常分为初创期、成长期、成熟期和衰退期。与企业的生命周期相对应，风险投资机构的专业化投资包括专门从事早期阶段的专业化、企业后期阶段专业化甚至是企业 IPO 前的专业化等。处于匹配阶段的企业更容易接受阶段专业化风险资本的支持，二者之间的相互匹配性更有利于风险投资机构与企业之间的交流与合作（黄福广 等，2016）。

二、早期阶段专业化的风险投资机构对引导基金与企业创新关系的正向影响

早期的创新企业主要有以下特点。首先，创新性强的产品通常来说研发的失败率更高，因为其相关的技术设施和配套装备开发不完善，可参照的标的较少（Tian and Wang，2014）。其次，创新活动具有较高的专业性和复杂性，导致创新活动中的逆向选择和道德风险尤为突出（Jensen and Meckling，1976）。最后，产品的商业化会存在较大的不确定性。也就是说，即使产品研发出来，但无法实际应用或推向市场也会导致最终的失败。总而言之，创新创业企业的特点是成立时间短，风险大且失败率高，与投资者之间面临严重的信息不对称。在创业初期，企业可能只有一个创业想法，所以此时无论是内部人还是外部人均无法预知企业的未来，让投资者望而却步。

但是从另一个角度分析，高风险意味着高收益，企业早期阶段的投资对于专门从事早期阶段专业化的风险投资机构而言是一个良好的机会。风险投资机构成立的目的就是通过从事高风险活动获得高收益，途径通常包括筛选好企业、与企业签订契约时的讨价还价能力和后期的增值服务能力（黄福广，2017；Gupta et al.，2020）。关于风险投资机构到底是通过筛选企业获得高收益还是通过后期的增值服务能力获得高收益，也就是"筛选效应"还是"增值效应"，一直是学术界争论的热点。从筛选效应角度分析，风险投资机构在众多的创业企业中能够筛选出部分企业进行选择性投资，向外界传递了该企业相较于其他同类企业质量更好的信号，即风险投资机构"慧眼识珠"的能力。从"增值效应"角度分析，早期阶段专业化的风险投资机构积累了该阶段大量的相关经验，有利于为企业提供后期的增值服务（Borochin and Yang，2017）。

勒纳（2012）研究发现，大多数风险投资项目早期相关信息缺少，没有可评估的财务报表等信息，因此在对未来的判断中风险投资人的经历显得尤为重要。与其他行业的模型预测相比，风险投资行业的投资经验在投

资成功因素中占首位。因此专门从事早期阶段化投资的风险投资机构积累了该阶段投资的大量经验,更容易帮助政府引导基金促进企业早期创新项目的成功研发。Ughetto(2010)的研究也发现,使用阶段专业化投资策略的风险投资机构更有相对优势,发挥优势的途径一是减少信息不对称,二是降低不确定性。通过长期专注于该阶段投资能够获得更多的深度知识,帮助企业更好成长。

基于上述理论分析,本章提出假设 7.1:政府引导基金委托从事早期阶段专业化的风险投资机构,更有利于企业创新,而且投资企业早期阶段促进作用更强。

第二节　研究设计

一、研究样本与数据来源

本章与第四章使用相同的数据样本,使用 2013—2019 年新三板挂牌企业为样本,但不包括如下企业:①金融类(银行、证券、保险及其他金融类企业)与房地产企业,因为金融类企业的财务准则与一般制造业企业的财务准则不同,相关信息的可比性较弱;②标识为 ST 及 ＊ST 类企业,因为该类企业面临退市风险,财务信息可能不准确;③财务信息、公司治理信息异常或缺失的企业,信息缺失会影响实证结果的可靠性。但是本章的数据只包括有政府引导基金投资的企业样本,在该样本中删除了风险投资机构专业化缺失的相关信息,最终整理获得 294 家企业从 2013—2019 年共1 035 个企业年样本数据。

本章样本中政府引导基金数据来自清科数据库私募通(PEdata),风险投资机构数据来自投中数据库(CVSource),企业专利数据来自色诺芬(CCER)新三板专利库,企业研发数据来自万得数据库(Wind),财务数据来自万得数据库,同时配合部分手工搜集与整理。为了克服极端值的影响,本章对连续变量前后各 1%进行了 Winsorize 缩尾处理。

二、变量定义

(一)因变量
本章因变量与第四章相同,主要为企业创新投入和创新产出,其中创新投入使用企业总的研发费用来衡量（张慧雪 等，2020）。在稳健性检验中也使用企业研发费用占营业收入之比代表企业创新投入（黄福广和王建业，2019）。创新产出使用企业申请的专利总数和发明专利申请数量来衡量（Tian and Wang，2014；陈思 等，2017；沈毅 等，2019），具体为当年所有专利申请数加 1 取对数为总体专利产出，当年发明专利申请数加 1 取对数为发明专利产出。在稳健性检验中，也使用发明专利与专利总数之比进行替换（张慧雪 等，2020）。

（二）自变量

本章将自变量具体细分为风险投资机构是否从事早期阶段专业化投资策略。根据许昊等（2014）的研究，VC 与 PE 的区别在于 VC 一般投资于企业成长的前期阶段（种子期和创立期），而 PE 通常投资于企业成长的中后期阶段（成长期和成熟期）。相比于 PE，VC 的投资对象一般为风险较高的高科技创业企业，要求更高的收益率。所以本书将风险投资机构类型为 VC 的定义为早期阶段专业化风险投资机构，其他类型则为非早期阶段专业化风险投资机构。

同时为了检验从事早期阶段专业化的风险投资机构投资企业早期阶段是否更有利于企业创新，在 VC 类型的风险投资机构样本中，新增投资企业早期阶段变量，若为 VC 投资企业早期阶段，该变量取值为 1，否则为 0。这里的企业早期阶段包括企业的种子期和初创期。同时在稳健性检验中，将投资于企业的 A 轮或 B 轮投资设定为企业早期阶段（黄福广 等，2021）。

（三）控制变量

1. 企业特征变量

关于企业特征变量，借鉴已有文献（Tian and Wang，2014；陈思 等，2017；沈毅 等，2019），本书选取企业规模、企业资产负债率、企业年龄、企业成长性、企业盈利能力、有形资产占比作为控制变量。

2. 公司治理变量

除了公司财务指标等特征变量，本书衡量了公司治理结构指标。对股权结构的变量，本书选取前十大股东持股比例之和来衡量。董事会结构变量选取董事会规模来衡量（沈毅 等，2019）。

3. 其他变量

其他变量包括机构投资者持股比例、企业所在行业和企业所在地区的省份（张慧雪 等，2020）。

此外，为了验证风险投资机构早期阶段专业化对企业创新的影响，本章增加了影响风险投资机构专业化的控制变量，包括风险投资机构自身规模（黄福广和贾西猛，2018）。

三、实证模型

为了检验从事早期阶段专业化的风险投资机构对政府引导基金与企业创新关系的影响，建立模型（7.1）。同时为了检验从事早期阶段专业化的风险投资机构是否投资企业早期阶段促进创新的作用更强，建立模型（7.2）。

$$\text{lnrd}_{i,t} / \text{Inpatent}_{i,t} / \text{lninvention}_{i,t} = \alpha_0 + \alpha_1 \text{early} - \text{stage}_{i,t} + \alpha_2 \text{controls}_{i,t}$$
$$+ \text{indFE} + \text{yearFE} + \varepsilon_{i,t} \qquad (7.1)$$

$$\text{lnrd}_{i,t} / \text{Inpatent}_{i,t} / \text{lninvention}_{i,t} = \alpha_0 + \alpha_1 \text{early} - \text{round}_{i,t} + \alpha_2 \text{controls}_{i,t}$$
$$+ \text{indFE} + \text{yearFE} + \varepsilon_{i,t} \qquad (7.2)$$

其中因变量 $\text{lnrd}_{i,t}$ 为企业 i 当年的研发支出总额，$\text{lnpatent}_{i,t}$ 为企业 i 当年的专利申请总数，$\text{lninvention}_{i,t}$ 为企业 i 当年的发明专利申请总数。自变量 $\text{early-stage}_{i,t}$ 表示风险投资机构是否从事企业早期阶段专业化投资策略，该变量为 1 代表早期阶段专业化风险投资机构，为 0 则代表非早期阶段专业化风险投资机构。自变量 $\text{early-round}_{i,t}$ 表示从事早期阶段专业化的风险投资机构投资的是否为企业早期阶段，该变量为 1 代表企业早期阶段，为 0 则代表非企业早期阶段。因变量是连续变量，自变量是 0-1 虚拟变量，采用最小二乘法进行回归，并控制行业和年份固定效应。$\text{controls}_{i,t}$ 为控制变量，包括企业规模、企业年龄、盈利能力、资产负债率、成长性和有形资产比例，同时包括公司治理特征的股权集中度、董事会规模和机构持股比例合计，以及风险投资机构的自身规模大小（jigousize）。回归系数中，α_0 为常数项，α_1 为解释变量回归系数，α_2 为控制变量回归系数，ε 为误差项。

第三节　全样本分布分析

一、自变量分布特征

本章自变量是政府引导基金委托的风险投资机构是否从事早期阶段专业化投资策略，具体描述性统计分析可见表7-1。

二、因变量和控制变量分布特征

本章因变量和控制变量分布特征与第四章相同，具体可以见表4-4。新增的其他控制变量描述性统计分析见表7-1。

由表7-1可以看出，风险投资机构中从事早期阶段专业化的风险投资机构占比为19.5%，中位数是0。也就是说，在样本中有19.5%的风险投资机构是从事早期阶段专业化投资策略的风险投资机构，其余都是非从事早期阶段专业化投资策略的风险投资机构。对于控制变量风险投资机构自身规模而言，最大值为13.203，最小值为4.615，标准差为2.186，表明风险投资机构规模之间差异较大。

表7-1　变量描述性统计：风险投资机构早期阶段专业化新增变量

variable	N	mean	min	p25	p50	p75	max	sd
early-stage	1 035	0.195	0	0	0	0	1	0.397
jigousize	1 035	8.020	4.615	6.217	7.601	9.266	13.203	2.186

第四节　实证分析及结果

一、变量间相关性分析

对本章分析的主要因变量、自变量和控制变量做相关性检验，Pearson相关系数检验结果见表7-2。

从表7-2可以看出，因变量和控制变量相关关系和具体系数与表4-6一致，在此不再赘述。下面重点阐述新增变量之间的相关关系。由表7-2

可以看出，自变量风险投资机构早期阶段专业化与企业研发投入、专利总数无显著相关关系，与企业发明专利产出显著负相关，二者的相关系数是-0.098，在5%水平上显著，说明从事早期阶段专业化的风险投资机构会抑制企业发明专利的产出。

表7-2　变量相关系数表

	lnrd	lnpatent	lninvention	early-stage	jigousize	firmsize	firmage
lnrd	1.000						
lnpatent	0.227***	1.000					
lninvention	0.354***	0.737***	1.000				
early-stage	-0.034	-0.026	-0.098**	1.000			
jigousize	-0.001	0.043	0.092*	-0.247***	1.000		
firmsize	0.253***	0.214***	0.268***	-0.190***	0.138***	1.000	
firmage	0.153***	-0.019	-0.026	-0.050	-0.045	0.326***	1.000
lev	-0.005	0.012	0.055	0.052*	0.003	0.199***	0.195***
roa	0.055*	0.038	-0.036	-0.027	0.024	0.237***	0.090***
growth	0.060*	0.033	0.054	0.011	0.014	-0.013	-.165***
tangibility	-0.028	0.029	-0.036	-0.047	0.018	-0.150***	-.131***
board	0.242***	0.116***	0.124***	-0.086***	0.071**	0.481***	0.103***
tenshare	-0.169***	-0.148***	-0.207***	0.090***	-0.117***	-0.337***	-0.095***
institution	-0.001	-0.099**	-0.041	0.016	-0.018	0.091***	0.011

	lev	roa	growth	tangibility	board	tenshare	institution
lev	1.000						
roa	-0.104***	1.000					
growth	-0.017	0.166***	1.000				
tangibility	-0.866***	0.193***	0.006	1.000			
board	-0.027	0.045	-0.049	0.008	1.000		
tenshare	0.062**	0.137***	0.031	-0.048	-0.303***	1.000	
institution	0.010	-0.051	0.006	-0.035	0.067**	0.253***	1.000

对于自变量与控制变量而言，风险投资机构早期阶段专业化与风险投资机构自身规模显著负相关，二者的相关系数是-0.247，在1%水平上显著，表明大规模的风险投资机构可能不偏好进行企业早期阶段专业化投资。风险投资机构早期阶段专业化与企业自身规模也显著负相关，二者的

相关系数是-0.190，在1%水平上显著，表明小企业容易受到从事早期阶段专业化风险投资机构的青睐。风险投资机构早期阶段专业化与企业的资产负债率显著正相关，二者的相关系数是0.052，在10%水平上显著，表明资产负债率高的企业容易受到早期阶段专业化风险投资机构的青睐。风险投资机构早期阶段专业化与企业的董事会规模显著负相关，二者的相关系数是-0.086，在1%水平上显著，说明董事会规模小的企业更容易受到早期阶段专业化风险投资机构的青睐。风险投资机构早期阶段专业化与企业的前十大股东持股比例在1%水平上显著正相关，二者的相关系数是0.090，说明企业的股权集中度越高越容易受到早期阶段专业化风险投资机构的青睐。

对于控制变量风险投资机构自身规模而言，风险投资机构规模与企业的发明专利产出在5%水平上显著正相关，二者的相关系数是0.092，表明风险投资机构规模越大，企业的发明专利产出越多。风险投资机构规模与企业规模在1%水平上显著正相关，二者的相关系数是0.138，表明企业自身规模越大，获得投资的风险投资机构的规模也越大。风险投资机构规模与企业的董事会规模在5%水平上显著正相关，二者的相关系数是0.071，表明企业的董事会规模越大，获得投资的风险投资机构的规模越大。但是风险投资机构规模与企业的前十大股东持股比例在1%水平上显著负相关，二者的相关系数是-0.117，表明企业的股权集中度越高，获得投资的风险投资机构的规模越小。

总体来看，新增加的各变量之间的相关系数绝对值都小于0.5，表明存在共线性的可能性较小。但是以上相关性结果只能作为相关关系分析的初步判断，关于具体关系仍以回归结果为主。

二、回归结果与分析

（一）早期阶段专业化风险投资机构对引导基金与企业创新关系影响的回归结果

对模型（7.1）进行回归，因变量为企业创新投入和创新产出，其中专利产出包括申请的专利总数和发明专利总数，控制变量包括风险投资机构特征、企业的财务特征和公司治理特征等，回归结果见表7-3。

表7-3 风险投资机构早期阶段专业化对引导基金与企业创新关系影响的回归结果

	(1) lnrd	(2) lnrd	(3) lnrd	(4) lnpatent	(5) lnpatent	(6) lnpatent	(7) lninvention	(8) lninvention	(9) lninvention
early-stage	-0.197 (-1.168)	0.063 (0.344)	0.196 (1.409)	-0.055 (-0.610)	0.092 (0.975)	0.138 (1.396)	-0.147 (-1.297)	-0.019 (-0.221)	-0.035 (-0.375)
jigousize		-0.032 (-0.998)	-0.015 (-0.633)		-0.009 (-0.544)	0.010 (0.551)		0.002 (0.100)	-0.002 (-0.092)
firmsize		0.296*** (2.767)	0.454*** (6.583)		0.225*** (4.421)	0.228*** (4.212)		0.246*** (4.565)	0.270*** (4.937)
firmage		0.052*** (3.449)	0.019* (1.690)		-0.019** (-2.547)	-0.013* (-1.692)		-0.019** (-2.531)	-0.013 (-1.583)
lev		-0.021*** (-2.655)	-0.013* (-1.755)		0.007 (1.620)	0.009* (1.805)		0.003 (0.675)	0.010** (2.063)
roa		0.002 (0.267)	0.005 (1.485)		-0.004 (-1.266)	-0.005 (-1.484)		-0.009** (-2.581)	-0.010*** (-2.848)
growth		0.004*** (2.611)	0.002** (2.340)		0.001 (0.654)	-0.000 (-0.183)		0.001 (0.961)	-0.000 (-0.136)
tangibility		-0.017** (-2.240)	-0.019*** (-3.032)		0.010** (2.397)	0.008* (1.926)		0.004 (0.976)	0.007* (1.861)
board		0.222*** (4.546)	0.104** (2.507)		0.002 (0.069)	0.003 (0.121)		-0.019 (-0.691)	-0.011 (-0.394)

表7-3(续)

	(1) lnrd	(2) lnrd	(3) lnrd	(4) lnpatent	(5) lnpatent	(6) lnpatent	(7) lninvention	(8) lninvention	(9) lninvention
tenshare		-0.012*	-0.006		-0.003	0.001		-0.005	0.001
		(-1.810)	(-1.131)		(-0.951)	(0.195)		(-1.563)	(0.247)
institution		-0.001	0.000		-0.004***	-0.003**		-0.002	-0.002*
		(-0.327)	(0.025)		(-3.022)	(-2.186)		(-1.287)	(-1.811)
region		-0.004	0.005		-0.007	0.002		-0.003	0.002
		(-0.425)	(0.650)		(-1.354)	(0.280)		(-0.662)	(0.287)
_cons	6.140***	5.390***	1.600	1.896***	0.675	-0.576	1.443***	0.707	-0.635
	(76.382)	(4.855)	(0.855)	(45.381)	(1.209)	(-0.869)	(25.811)	(1.321)	(-1.027)
Industry	No	No	Yes	No	No	Yes	No	No	Yes
Year	No	No	Yes	No	No	Yes	No	No	Yes
adj. R^2	0.001	0.100	0.517	0.001	0.065	0.174	0.010	0.094	0.220
N	1 035	1 035	1 035	527	527	527	433	433	433

由表7-3的回归结果可以看出，政府引导基金委托从事早期阶段专业化的风险投资机构进行管理并没有提高企业的创新投入和创新产出，假设7.1没有得到验证。

（二）阶段匹配投资的回归结果

专门从事早期阶段专业化的风险投资机构在该领域积累了大量相关经验，投资企业早期阶段更容易促进企业创新，也就是二者匹配更容易实现政府引导基金促进企业创新的目标。据此根据模型（7.2）进行回归，回归结果见表7-4。

由表7-4的第（1）列回归结果可以看出，在没有加入任何控制变量的情况下，投资企业早期阶段且从事早期阶段专业化的风险投资机构与企业研发投入在1%水平上显著，回归系数是1.247。第（2）列加入相关控制变量后投资企业早期阶段且从事早期阶段专业化的风险投资机构与企业研发投入在1%水平上显著，回归系数是1.930。第（3）列加入相关控制变量和固定效应后投资企业早期阶段且从事早期阶段专业化的风险投资机构与企业研发投入在1%水平上显著，回归系数是2.105。上述结果表明当从事早期阶段专业化的风险投资机构投资企业早期阶段时，确实促进了企业的研发投入，但是对创新产出无显著影响。

表 7-4　风险投资机构早期阶段专业化对引导基金与企业创新关系影响的回归结果：阶段匹配的投资

	(1) lnrd	(2) lnrd	(3) lnrd	(4) lnpatent	(5) lnpatent	(6) lnpatent	(7) lninvention	(8) lninvention	(9) lninvention
early-round	1.247***	1.930***	2.105***	0.095	0.048	0.331	0.260	0.184	0.231
	(6.239)	(4.872)	(6.728)	(0.561)	(0.241)	(1.008)	(1.507)	(1.030)	(0.732)
jigousize		-0.028	-0.068		-0.078	0.038		-0.087*	-0.056
		(-0.285)	(-0.683)		(-1.205)	(0.412)		(-1.758)	(-0.681)
firmsize		0.120	0.526***		0.304***	0.258**		0.398***	0.344***
		(0.610)	(3.950)		(2.861)	(2.083)		(4.709)	(2.999)
firmage		0.069*	0.078***		-0.018	-0.013		-0.039**	-0.036
		(1.703)	(2.663)		(-0.981)	(-0.504)		(-2.436)	(-1.390)
lev		-0.000	-0.041***		0.010	0.004		0.002	0.010
		(-0.006)	(-2.861)		(1.207)	(0.312)		(0.272)	(0.953)
roa		-0.001	-0.013*		-0.018***	-0.009		-0.024***	-0.016**
		(-0.124)	(-1.879)		(-3.986)	(-1.312)		(-4.525)	(-2.204)
growth		0.005*	0.002		0.000	-0.000		-0.000	-0.001
		(1.670)	(1.361)		(0.105)	(-0.253)		(-0.318)	(-0.478)
tangibility		-0.015	-0.045***		0.021***	0.004		0.010	0.012
		(-0.786)	(-3.155)		(2.738)	(0.264)		(1.343)	(1.152)
board		0.306***	0.282**		0.089	0.049		0.067	0.091
		(2.963)	(2.544)		(1.321)	(0.477)		(1.385)	(0.991)

表7-4（续）

	(1)	(2)	(3)	(4)	(5)	(6)	(7)	(8)	(9)
	lnrd	lnrd	lnrd	lnpatent	lnpatent	lnpatent	lninvention	lninvention	lninvention
tenshare		0.031**	0.045***		0.004	0.021*		0.008	0.007
		(2.197)	(4.608)		(0.510)	(1.680)		(1.506)	(0.784)
institution		-0.002	-0.005		-0.009***	-0.009**		-0.005**	-0.005*
		(-0.423)	(-1.184)		(-3.602)	(-2.634)		(-2.230)	(-1.814)
region		0.017	0.005		-0.011	0.012		-0.006	0.017
		(0.814)	(0.249)		(-0.852)	(0.540)		(-0.792)	(0.893)
_cons	5.677***	0.279	-3.927***	1.815***	-0.672	-3.345**	1.256***	-1.033	-2.204*
	(31.142)	(0.137)	(-2.573)	(18.711)	(-0.626)	(-2.000)	(16.624)	(-1.479)	(-1.995)
Industry	No	No	Yes	No	No	Yes	No	No	Yes
Year	No	No	Yes	No	No	Yes	No	No	Yes
adj. R²	0.054	0.136	0.686	0.003	0.117	0.256	0.020	0.349	0.431
N	202	202	202	107	107	107	89	89	89

三、进一步分析

（一）地域专业化对早期阶段专业化风险投资机构的调节作用

在风险投资领域，存在地域专业化投资策略。地域专业化投资策略是指风险投资机构倾向于投资其所在地附近的企业，也就是投资地理区域在风险投资机构所在地的集中化（黄福广 等，2016）。地域专业化更有利于软信息等相关信息的传递，促成风险投资机构与创业企业的交易，同时也有利于风险投资机构进驻企业后进行投后管理并提供增值服务。Cumming和 Dai（2010）使用美国 1980 年到 2009 年的数据为样本，研究发现风险投资机构投资本地企业更容易实现 IPO 上市或并购成功。在中国，张学勇等（2016）使用中国 1999 年到 2013 年的数据为样本，研究发现风险投资机构本地偏好程度越高，创业企业通过 IPO 上市的可能性也越高。黄福广等（2014）研究也表明，中国的风险资本投资明显存在"本地偏好"。据此可以推测，因为从事早期阶段专业化的风险投资机构与被投资企业之间的信息不对称程度更高，所以如果风险投资机构与被投资企业地理临近，可能更有利于早期阶段专业化风险投资机构发挥优势，促进企业创新（曾义 等，2016；董静 等，2017）。为此加入地理临近调节变量（proximity），当风险投资机构与被投资企业在同一省份时，该变量为 1，否则为 0。自变量为风险投资机构早期阶段专业化与地理临近的交乘项，因变量和控制变量不变，继续使用模型（7.1）进行回归，结果如表 7-5 所示。

由表 7-5 的回归结果可以看出，第（1）列不加入任何控制变量的情况下，风险投资机构早期阶段专业化与地理临近的交乘项与企业的研发投入在 1% 水平上显著正相关，二者的回归系数是 1.314。第（2）列加入相关控制变量后，风险投资机构早期阶段专业化与地理临近的交乘项与企业的研发投入在 1% 水平上显著正相关，二者的回归系数是 1.612。第（3）列加入相关控制变量和固定效应后，风险投资机构早期阶段专业化与地理临近的交乘项与企业的研发投入在 1% 水平上显著正相关，二者的回归系数是 0.787。上述结果表明地理临近正向调节了风险投资机构早期阶段专业化与企业创新的关系。也就是说，当风险投资机构与被投资企业处在同一省份时，早期阶段专业化的风险投资机构能显著提高企业的研发投入。当因变量为创新产出时，结果则不显著。

表7-5 风险投资机构早期阶段专业化对引导基金与企业创新关系影响的回归结果：地理临近的调节

	(1) lnrd	(2) lnrd	(3) lnrd	(4) lnpatent	(5) lnpatent	(6) lnpatent	(7) lninvention	(8) lninvention	(9) lninvention
proximity×early-stage	1.314***	1.612***	0.787***	-0.005	-0.016	0.175	-0.029	-0.031	-0.094
	(3.020)	(3.652)	(2.602)	(-0.027)	(-0.088)	(0.897)	(-0.156)	(-0.197)	(-0.502)
early-stage	-1.067***	-1.000**	-0.342	-0.054	0.095	-0.009	-0.150	0.006	0.012
	(-2.656)	(-2.438)	(-1.378)	(-0.366)	(0.674)	(-0.063)	(-0.981)	(0.043)	(0.086)
proximity	-0.153	-0.145	-0.100	0.008	0.031	0.024	-0.061	-0.012	0.072
	(-0.949)	(-0.910)	(-0.808)	(0.099)	(0.370)	(0.265)	(-0.707)	(-0.143)	(0.789)
jigousize		-0.030	-0.011		-0.009	0.012		0.001	-0.000
		(-0.936)	(-0.484)		(-0.504)	(0.639)		(0.077)	(-0.004)
firmsize		0.318***	0.457***		0.226***	0.229***		0.246***	0.275***
		(3.012)	(6.595)		(4.443)	(4.222)		(4.565)	(5.043)
firmage		0.055***	0.020*		-0.019**	-0.012		-0.019**	-0.012
		(3.647)	(1.739)		(-2.529)	(-1.590)		(-2.546)	(-1.489)
lev		-0.024**	-0.014*		0.007	0.009*		0.003	0.010**
		(-3.033)	(-1.972)		(1.616)	(1.864)		(0.681)	(2.097)
roa		-0.001	0.005		-0.004	-0.006		-0.009**	-0.010***
		(-0.117)	(1.242)		(-1.266)	(-1.562)		(-2.500)	(-2.865)
growth		0.004***	0.002**		0.001	-0.000		0.001	-0.000
		(2.947)	(2.491)		(0.656)	(-0.121)		(0.920)	(-0.123)

表7-5(续)

	(1) lnrd	(2) lnrd	(3) lnrd	(4) lnpatent	(5) lnpatent	(6) lnpatent	(7) lninvention	(8) lninvention	(9) lninvention
tangibility		-0.018**	-0.020***		0.010**	0.009**		0.004	0.007*
		(-2.371)	(-3.142)		(2.412)	(2.012)		(0.973)	(1.870)
board		0.223***	0.103**		0.001	0.003		-0.019	-0.012
		(4.626)	(2.507)		(0.043)	(0.102)		(-0.685)	(-0.435)
tenshare		-0.012*	-0.006		-0.003	0.001		-0.005	0.001
		(-1.719)	(-1.125)		(-0.958)	(0.170)		(-1.541)	(0.254)
institution		-0.001	-0.000		-0.004***	-0.003**		-0.002	-0.002*
		(-0.428)	(-0.022)		(-2.957)	(-2.152)		(-1.267)	(-1.728)
region		-0.005	0.005		-0.007	0.001		-0.003	0.002
		(-0.599)	(0.611)		(-1.385)	(0.225)		(-0.639)	(0.253)
_cons	6.205***	5.407***	1.544	1.892***	0.654	-0.638	1.541***	0.718	-0.753
	(57.071)	(4.765)	(0.818)	(33.572)	(1.167)	(-0.955)	(26.775)	(1.359)	(-1.224)
Industry	No	No	Yes	No	No	Yes	No	No	Yes
Year	No	No	Yes	No	No	Yes	No	No	Yes
adj. R²	0.010	0.116	0.519	0.001	0.061	0.172	0.004	0.090	0.217
N	1 035	1 035	1 035	527	527	527	433	433	433

（二）高科技行业对早期阶段专业化风险投资机构的调节作用

政府引导基金的设立目标是支持创新创业，所以对企业早期阶段支持的同时也注重对高科技行业的投资，政府在设立引导基金的时候通常对高科技行业投资的比例有所规定。因此当从事早期阶段专业化的风险投资机构投资高科技企业时，是否更能促进企业创新，也就是早期阶段专业化和高科技行业是否能相互促进（Wang et al.，2013）。黄福广等（2016）研究表明，不同专业化之间存在部分相互强化关系，阶段和地域聚焦投资强化了行业专业化对企业技术创新的影响。为此，增加一个新变量高科技与否（tech），当企业所处行业为高科技时该变量取值为1，否则为0。高科技定义根据2016年科技部发布的《高新技术企业认定办法》，结合我国高科技企业年鉴，核对2012年证监会的行业分类指引，将医药制造业（C27）、航空航天制造业（C37）、计算机—通信和其他电子设备制造业（C39）、仪器仪表制造业（C40）、信息传输—软件和信息技术服务业（I）及科学研究和技术服务业（M）认定为高科技行业。自变量为风险投资机构早期阶段专业化与高科技行业的交乘项，因变量和控制变量不变，继续使用模型（7.1）进行回归，结果如表7-6所示。

由表7-6第（1）列的回归结果可以看出，当不加任何控制变量时，早期阶段专业化的风险投资机构投资高科技企业时不仅未能提高企业研发投入，反而抑制了企业研发投入，说明早期阶段专业化与高科技行业之间没有相互支持，也就是说从事企业早期阶段专业化的风险投资机构投资高科技行业不能促进企业研发投入，对创新产出则无显著影响。

表 7-6 风险投资机构早期阶段专业化对引导基金与企业创新关系影响的回归结果：高科技行业的调节

	(1) lnrd	(2) lnrd	(3) lnrd	(4) lnpatent	(5) lnpatent	(6) lnpatent	(7) lninvention	(8) lninvention	(9) lninvention
tech×early-stage	-0.716**	-0.279	-0.211	-0.037	-0.010	0.017	0.188	0.216	0.245
	(-2.191)	(-0.897)	(-0.681)	(-0.205)	(-0.059)	(0.102)	(1.137)	(1.453)	(1.630)
early-stage	0.175	0.284	0.245	-0.034	0.095	0.073	-0.286**	-0.133	-0.158
	(0.615)	(1.027)	(0.880)	(-0.253)	(0.722)	(0.585)	(-2.313)	(-1.169)	(-1.343)
tech	1.520***	1.740***	1.710***	-0.128	-0.091	-0.094	-0.086	-0.049	-0.064
	(9.950)	(11.458)	(11.316)	(-1.532)	(-1.076)	(-1.118)	(-1.004)	(-0.561)	(-0.716)
jigousize		-0.013	-0.013		-0.009	-0.007		0.001	0.003
		(-0.447)	(-0.426)		(-0.541)	(-0.387)		(0.069)	(0.151)
firmsize		0.460***	0.437***		0.215***	0.213***		0.246***	0.240***
		(4.772)	(4.509)		(4.257)	(4.239)		(4.570)	(4.437)
firmage		0.054***	0.053***		-0.020***	-0.012*		-0.018**	-0.015*
		(3.825)	(3.595)		(-2.682)	(-1.662)		(-2.339)	(-1.921)
lev		-0.009	-0.010		0.006	0.007		0.003	0.004
		(-1.154)	(-1.325)		(1.435)	(1.575)		(0.627)	(0.973)
roa		0.002	0.003		-0.004	-0.004		-0.009***	-0.009***
		(0.472)	(0.641)		(-1.252)	(-1.225)		(-2.646)	(-2.716)
growth		0.003**	0.003**		0.000	-0.000		0.001	0.000
		(2.399)	(2.197)		(0.608)	(-0.135)		(0.955)	(0.499)

表7-6(续)

	(1) lnrd	(2) lnrd	(3) lnrd	(4) lnpatent	(5) lnpatent	(6) lnpatent	(7) lninvention	(8) lninvention	(9) lninvention
tangibility		-0.014** (-2.075)	-0.016** (-2.296)		0.009** (2.351)	0.009** (2.210)		0.003 (0.921)	0.004 (1.039)
board		0.196*** (4.388)	0.188*** (4.222)		0.004 (0.148)	0.014 (0.518)		-0.018 (-0.656)	-0.014 (-0.527)
tenshare		-0.004 (-0.586)	-0.008 (-1.187)		-0.004 (-1.118)	-0.002 (-0.677)		-0.005 (-1.568)	-0.005 (-1.513)
institution		-0.004 (-1.345)	-0.003 (-1.206)		-0.004*** (-2.842)	-0.004*** (-2.725)		-0.002 (-1.291)	-0.002 (-1.303)
region		-0.018** (-1.971)	-0.018** (-2.014)		-0.006 (-1.217)	-0.006 (-1.130)		-0.003 (-0.643)	-0.003 (-0.544)
_cons	5.373*** (39.245)	2.558** (2.431)	-0.257 (-0.141)	1.958*** (33.601)	0.842 (1.483)	0.514 (0.929)	1.559*** (23.380)	0.738 (1.324)	0.824 (1.479)
Year	No	No	Yes	No	No	Yes	No	No	Yes
adj. R^2	0.094	0.219	0.227	0.001	0.064	0.119	0.006	0.093	0.106
N	1 035	1 035	1 035	527	527	527	433	433	433

注：因为企业是否为高科技行业作为调节变量，该变量与企业所在行业变量产生共线性，因此在该回归模型中删除行业固定效应。

四、稳健性检验

(一) 地域专业化的分组回归

在进一步分析中，使用地理临近作为调节变量，与风险投资机构早期阶段专业化变量进行交乘回归，结果发现地理临近正向调节了风险投资机构早期阶段专业化对企业创新投入的影响。为了使结果更稳健，此处使用地理临近变量做分组回归，检验风险投资机构与被投资企业处在同一省份时，风险投资机构早期阶段专业化是否能提高企业创新。自变量、因变量与控制变量同模型（7.1），使用模型（7.1）继续回归，结果见表7-7。

由表7-7的回归结果可以看出，只有当风险投资机构与被投资企业在同一省份时，风险投资机构早期阶段专业化才能提高企业研发投入。二者的回归系数是0.456，在1%水平上显著，其他情况均不显著。说明地理临近正向调节了风险投资机构早期阶段专业化对企业创新投入的影响。回归结果与上文交乘项的回归结果一致，说明无论将地理临近作为调节变量还是作为分组变量均不影响结论的稳健性。

表7-7 风险投资机构早期阶段专业化对引导基金与企业创新关系影响的回归结果：
地理邻近的分组

	(1) lnrd 地理临近	(2) lnrd 非地理临近	(3) lnpatent 地理临近	(4) lnpatent 非地理临近	(5) lninvention 地理临近	(6) lninvention 非地理临近
early- stage	0.456 *** (2.743)	-0.115 (-0.511)	0.163 (1.087)	0.174 (1.038)	-0.191 (-1.330)	0.108 (0.572)
jigousize	-0.087 ** (-2.089)	0.059 ** (2.331)	-0.073 ** (-2.188)	0.056 ** (2.532)	-0.086 *** (-2.683)	0.041 (1.591)
firmsize	0.571 *** (4.237)	0.429 *** (5.165)	0.207 *** (2.664)	0.257 *** (3.313)	0.154 * (1.904)	0.308 *** (4.062)
firmage	-0.015 (-0.686)	0.011 (0.977)	-0.016 (-1.264)	-0.020 * (-1.871)	-0.004 (-0.292)	-0.025 ** (-2.180)
lev	-0.006 (-0.602)	-0.027 *** (-2.827)	0.012 * (1.662)	0.006 (0.868)	0.017 ** (2.389)	0.007 (0.924)
roa	-0.007 (-1.323)	0.007 * (1.681)	-0.010 ** (-2.065)	0.002 (0.466)	-0.015 *** (-3.192)	-0.002 (-0.365)
growth	0.003 ** (2.263)	0.001 (0.891)	0.000 (0.146)	-0.001 (-0.788)	0.001 (1.478)	-0.001 (-0.910)

表7-7(续)

	(1)	(2)	(3)	(4)	(5)	(6)
	lnrd	lnrd	lnpatent	lnpatent	lninvention	lninvention
	地理临近	非地理临近	地理临近	非地理临近	地理临近	非地理临近
tangibility	-0.010	-0.026***	0.016**	-0.000	0.016**	0.000
	(-1.065)	(-3.043)	(2.264)	(-0.070)	(2.465)	(0.064)
board	0.094	0.075	0.023	0.037	0.042	0.004
	(1.607)	(1.646)	(0.469)	(1.026)	(0.924)	(0.109)
tenshare	-0.007	0.002	0.001	0.008	-0.004	0.009
	(-0.837)	(0.364)	(0.128)	(1.490)	(-0.733)	(1.645)
institution	-0.010***	0.007**	-0.004*	-0.005**	-0.004**	-0.004*
	(-2.638)	(2.498)	(-1.872)	(-2.348)	(-1.999)	(-1.696)
region	0.038***	-0.005	0.018*	-0.007	0.019*	-0.003
	(2.969)	(-0.603)	(1.918)	(-0.946)	(1.899)	(-0.412)
_cons	-0.062	3.702***	-0.287	-1.419	-0.067	-1.490
	(-0.022)	(3.041)	(-0.292)	(-1.295)	(-0.076)	(-1.516)
Industry	Yes	Yes	Yes	Yes	Yes	Yes
Year	Yes	Yes	Yes	Yes	Yes	Yes
adj. R²	0.414	0.709	0.162	0.307	0.284	0.280
N	496	539	249	278	201	232

(二) 企业早期阶段变量的测量

在主回归中,企业早期阶段的测量使用的是企业种子期和初创期。从融资的角度讲,企业的 A 轮或 B 轮及之前的融资属于早期阶段融资,因此在稳健性检验中使用企业 A 轮或 B 轮融资代替企业早期阶段重新回归(zaoqilunci),结果见表 7-8。

表 7-8 第 (3) 列的回归结果显示,从事早期阶段专业化的风险投资机构投资企业早期阶段,能提高企业的研发投入。在控制相关变量及行业和年份固定效应时,二者的回归系数是 1.377,在 1%水平上显著,与主回归结论一致,说明替换企业早期阶段变量的测量不会影响原结论的稳健性。

表7-8 风险投资机构早期阶段专业化对引导基金与企业创新关系影响的回归结果：变换企业早期阶段变量的测量

	(1) lnrd	(2) lnrd	(3) lnrd	(4) lnpatent	(5) lnpatent	(6) lnpatent	(7) lninvention	(8) lninvention	(9) lninvention
zaoqilunci	0.368	0.194	1.377***	-0.283	-0.426	-0.769**	0.128	0.062	-0.073
	(1.019)	(0.548)	(5.703)	(-1.156)	(-1.489)	(-2.186)	(0.801)	(0.418)	(-0.263)
jigousize		-0.150	-0.009		-0.137*	-0.091		-0.102*	-0.077
		(-1.578)	(-0.086)		(-1.968)	(-0.940)		(-1.943)	(-0.831)
firmsize		0.095	0.515***		0.247**	0.174		0.398***	0.323***
		(0.421)	(3.233)		(2.376)	(1.353)		(4.527)	(2.690)
firmage		-0.002	-0.015		-0.016	-0.015		-0.048***	-0.050**
		(-0.043)	(-0.492)		(-0.951)	(-0.629)		(-3.105)	(-2.325)
lev		0.007	-0.026		0.012	0.016		0.002	0.016
		(0.382)	(-1.451)		(1.438)	(1.239)		(0.312)	(1.494)
roa		0.000	0.000		-0.021***	-0.017***		-0.024***	-0.017**
		(0.015)	(0.014)		(-4.032)	(-2.578)		(-4.431)	(-2.220)
growth		0.004	0.000		0.000	-0.000		-0.000	-0.001
		(1.137)	(0.173)		(0.202)	(-0.273)		(-0.462)	(-0.742)
tangibility		-0.008	-0.031		0.023***	0.016		0.010	0.018*
		(-0.483)	(-1.621)		(2.826)	(1.250)		(1.379)	(1.717)
board		0.331***	0.207		0.125*	0.180		0.075*	0.106
		(3.173)	(1.365)		(1.889)	(1.512)		(1.666)	(0.836)

表7-8(续)

	(1) lnrd	(2) lnrd	(3) lnrd	(4) lnpatent	(5) lnpatent	(6) lnpatent	(7) lninvention	(8) lninvention	(9) lninvention
tenshare		0.015	0.017*		0.007	0.015		0.006	0.004
		(1.143)	(1.657)		(0.894)	(1.300)		(1.051)	(0.518)
institution		-0.004	-0.008*		-0.009***	-0.008***		-0.005**	-0.006**
		(-0.728)	(-1.735)		(-3.930)	(-2.914)		(-2.600)	(-2.600)
region		-0.000	0.029		-0.013	-0.004		-0.007	0.019
		(-0.001)	(1.249)		(-1.037)	(-0.157)		(-0.971)	(0.928)
_cons	5.649***	3.345*	-3.293*	2.076***	-0.338	-1.638	1.225***	-0.673	-2.078*
	(17.621)	(1.786)	(-1.718)	(9.043)	(-0.322)	(-0.990)	(8.837)	(-0.983)	(-1.842)
Industry	No	No	Yes	No	No	Yes	No	No	Yes
Year	No	No	Yes	No	No	Yes	No	No	Yes
adj. R^2	0.005	0.034	0.615	0.007	0.147	0.498	0.006	0.340	0.424
N	202	202	202	107	107	107	89	89	89

五、实证结果小节

本章在第四章政府引导基金是否促进企业创新的基础上，进一步将自变量根据风险投资机构是否从事企业早期阶段专业化的投资策略分为两种类型设计模型进行研究，依然使用新三板挂牌企业为样本，通过多元线性回归验证本章提出的研究假设。

在控制风险投资机构特征、企业财务特征和公司治理特征后，本章研究发现从事早期阶段专业化的风险投资机构并不能促进企业创新。但是从事早期阶段专业化的风险投资机构投资企业早期阶段则能促进企业的研发投入，也就是说，只有当阶段匹配才能发挥专业化优势。在进一步分析中，发现当风险投资机构与被投资企业地理临近时，早期阶段专业化的风险投资机构能提高企业研发投入。也就是说，地理临近正向调节了早期阶段专业化的风险投资机构对企业创新的影响。在主回归中企业的早期阶段使用的是企业的种子期和初创期，在稳健性检验中使用企业 A 轮和 B 轮融资做替换，原结论依然成立，说明替换变量不会影响原结论的稳健性。此外，在分析地理临近时，主回归使用的是调节变量做交乘项进行回归，在稳健性检验中使用地理临近变量做分组回归，结论依然不变。

总的来看，结果表明政府引导基金委托从事早期阶段专业化的风险投资机构并不能促进企业创新，但是当早期阶段专业化的风险投资机构投资企业早期阶段时能够促进企业创新投入。进一步检验发现，当风险投资机构与被投资企业地理临近时，早期阶段专业化的风险投资机构能促进企业创新投入。

第八章 结论与建议

第一节 研究结论和启示

一、主要研究结论

以政府引导基金为研究对象，以外部性理论、信息不对称理论和资源禀赋论等为理论基础，从风险投资机构异质性视角研究政府引导基金对企业创新的影响，以及政府引导基金如何通过委托风险投资机构进行管理更好地促进企业创新。以 2013 年至 2019 年新三板挂牌企业为研究样本，采用清科数据库等公开数据为主，并结合部分手工搜集和整理，通过多元线性回归后得出的主要结论如下。

第一，使用倾向得分匹配法将有政府引导基金投资的企业与没有政府引导基金投资的企业进行匹配，检验政府引导基金对企业创新的影响。结果发现与没有政府引导基金投资的企业相比，有政府引导基金投资的企业研发投入和创新产出都有显著性提高。进一步分样本回归发现，政府引导基金对大规模企业、非国有企业和新三板创新层企业的创新促进作用更大。通过 Heckman 两阶段回归控制内生性问题，以及替换因变量的测量等稳健性检验后，政府引导基金对企业创新的促进作用依然存在。

第二，将风险投资机构异质性从三个角度进行展开，分别是风险投资机构是否为国有风险投资机构、风险投资机构声誉高低以及风险投资机构是否从事早期专业化阶段投资，具体分析风险投资机构受政府引导基金委托后对企业创新的影响效果。根据风险投资机构是否为国企的产权性质划分，检验发现政府引导基金通过委托国有风险投资机构抑制了企业创新。进一步分析发现，国有风险投资机构投资国有企业，反而能促进企业创新。替换变量的测量、将样本进行洁净化处理等稳健性检验后，该结论依然成立。

第三，从风险投资机构声誉高低角度进行分析，发现政府引导基金委托高声誉的风险投资机构进行管理更能促进企业创新，支持了"认证效应"假说。进一步分析其作用机制发现高声誉风险投资机构通过缓解企业融资约束进而促进企业创新。替换风险投资机构声誉变量的测量、企业创新变量的测量等稳健性检验后，该结论依然成立。

第四，从风险投资机构是否从事早期阶段专业化角度进行分析，结果发现政府引导基金委托从事企业早期阶段专业化的风险投资机构并未促进企业创新。但是当风险投资机构与被投资企业地理临近时，早期阶段专业化的风险投资机构能够促进企业创新投入，说明风险投资机构早期阶段专业化作用的发挥需要借助于"本地偏好"的投资策略。同时，当从事早期阶段专业化的风险投资机构投资企业早期阶段时，更能促进企业创新投入，体现了阶段匹配的重要性。替换企业早期阶段等变量测量后该结论依然稳健。

二、研究启示

首先，本书验证了政府解决创新市场失灵的有效性。政府引导基金以市场化的手段参与风险投资，促进了企业创新。因此，当市场的"无形之手"配置资源失效时，政府应该用"有形之手"加以干预。至于政府参与的方式，本书给出的研究结论是间接参与，避免政府既当"裁判员"又当"运动员"的双重角色。

其次，本书从风险投资机构异质性视角揭示了政府应该委托的风险投资机构类型。政府引导基金借助风险投资机构的优势，更好地发挥杠杆作用，促进企业创新。随着我国"大众创业、万众创新"政策的推行，风险投资机构作为资本市场上的一类重要金融中介显得愈发重要。风险投资机构在帮助被投资企业成功上市的同时也推动了科技的进步，提高了我国综合国力。风险资本助力创新的发展越来越受到认可，因此对于风险投资机构的研究将会变得越来越重要。

最后，本书的研究样本是新三板企业，是成长型企业的代表。随着我国资本市场的全方位发展、多层次板块的逐渐推出，新三板给我们提供了一个良好的试验场。新三板是我国在探索多层次资本市场体系发展过程中产生的独具特色的板块之一。2017 年 3 月，政府工作报告中首次提到了积极发展新三板，并肯定了其在多层次资本市场体系内的定位和内涵。新三板企业数量多且以中小企业为主，对风险资本需求大。新三板相比于主板、中小板和创业板，企业正处于快速成长期，对风险资本需求大。新三板相比于未上市企业，信息披露得相对完善，因此对于研究风险投资以及创业企业的研究人员可以首选新三板。

第二节　研究局限及展望

一、研究局限

本书对政府引导基金与企业创新关系做了理论分析和实证检验，并从风险投资机构异质性视角研究了政府引导基金如何促进企业创新，得出了较为稳健的结论，但仍存在一定局限性。第一，在研究政府引导基金时，由于数据可获得性的限制，自变量的设置只考虑了被投资企业是否有政府引导基金投资。关于投资金额等具体的连续变量并未纳入其中，变量设置缺少丰富度。第二，虽然在控制了企业财务特征、公司治理特征以及风险投资机构相关特征后，运用倾向得分匹配法和 Heckman 两阶段等计量方法解决了可能存在的内生性问题。但是由于缺少外生的冲击事件和较好的工具变量，并不能完全排除内生性问题的干扰。第三，关于机制问题的探讨，除了从风险投资机构异质性视角展开，可能还存在其他政府引导基金提高企业创新的路径，本书并未涉及。

二、研究展望

关于理论方面，除了根据已有理论进行研究假设，还可以通过访谈、问卷调查和案例研究等方法构建新的理论，拓展政府引导基金与企业创新的研究深度和广度。此外，除了从风险投资机构异质性视角分析，还可以探索新的解释机制。

关于实证方面，随着大数据技术的应用，政府引导基金的相关数据逐渐丰富，后续可以设置更细致的自变量，深入探讨政府引导基金的特征对企业创新的影响。此外，在内生性问题的解决上，可以通过寻找合适的外生冲击构建双重差分法来解决，也可以通过寻找好的工具变量来解决。

第三节　政策与建议

政府应当充分利用好政府引导基金在解决市场失灵中的作用，真正做到用资本助力企业创新的发展。

一方面，政府应该持续设立引导基金，以母基金的方式间接向企业投资，发挥市场化的作用。本书发现政府引导基金能够显著提高被投资企业的研发投入和发明专利的产出。但是政府引导基金的资金毕竟来源于国家财政支出，只靠政府的资金支持企业创新杯水车薪。政府引导基金的目的是发挥引导作用，带动社会资本成立子基金，将政府的"有形之手"与市场的"无形之手"相结合，推动我国新经济更有竞争力地发展。

另一方面，政府引导基金在委托风险投资机构进行管理时，要根据风险投资机构的自身特点进行有选择性地委托。首先，从风险投资机构的产权性质来看，本书发现当被投资企业是国有企业时，政府引导基金委托国有风险投资机构更能促进企业创新。三者的大股东同为政府，可以减少代理问题的产生。因此在该种情况下政府引导基金应该首选国有风险投资机构进行管理。其次，从风险投资机构的声誉角度来看，本书发现政府引导基金委托高声誉风险投资机构更能促进企业创新。因此政府引导基金应该尽量委托高声誉风险投资机构进行后续管理，发挥声誉的认证作用，更好地缓解企业融资约束，进而提高企业创新。再次，从风险资本专业化角度来看，本书发现当被投资企业处于早期阶段时，政府引导基金委托从事早期阶段专业化的风险投资机构进行管理能促进企业创新。最后，本书发现当从事早期阶段专业化的风险投资机构与被投资企业地理临近时，更有利于企业创新。因此政府引导基金在委托从事早期阶段专业化的风险投资机构时，要注意与企业阶段和企业地理位置的匹配，更好地发挥风险投资机构的专业化优势，促进企业创新。

附录

附录1　国务院办公厅转发发展改革委等部门关于创业投资引导基金规范设立与运作指导意见的通知

国办发〔2008〕116 号

各省、自治区、直辖市人民政府，国务院各部委、各直属机构：

发展改革委、财政部、商务部《关于创业投资引导基金规范设立与运作的指导意见》已经国务院同意，现转发给你们，请认真贯彻执行。

国务院办公厅

二〇〇八年十月十八日

关于创业投资引导基金规范设立与运作的指导意见

发展改革委　财政部　商务部

为贯彻《国务院关于实施〈国家中长期科学和技术发展规划纲要（2006—2020 年）〉若干配套政策的通知》（国发〔2006〕6 号）精神，配合《创业投资企业管理暂行办法》（发展改革委等十部委令 2005 年第 39 号）实施，促进创业投资引导基金（以下简称引导基金）的规范设立与运作，扶持创业投资企业发展，现提出如下意见：

一、引导基金的性质与宗旨

引导基金是由政府设立并按市场化方式运作的政策性基金，主要通过扶持创业投资企业发展，引导社会资金进入创业投资领域。引导基金本身不直接从事创业投资业务。

引导基金的宗旨是发挥财政资金的杠杆放大效应，增加创业投资资本的供给，克服单纯通过市场配置创业投资资本的市场失灵问题。特别是通过鼓励创业投资企业投资处于种子期、起步期等创业早期的企业，弥补一般创业投资企业主要投资于成长期、成熟期和重建企业的不足。

二、引导基金的设立与资金来源

地市级以上人民政府有关部门可以根据创业投资发展的需要和财力状况设立引导基金。其设立程序为：由负责推进创业投资发展的有关部门和财政部门共同提出设立引导基金的可行性方案，报同级人民政府批准后设立。各地应结合本地实际情况制订和不断完善引导基金管理办法，管理办法由财政部门和负责推进创业投资发展的有关部门共同研究提出。

引导基金应以独立事业法人的形式设立，由有关部门任命或派出人员组成的理事会行使决策管理职责，并对外行使引导基金的权益和承担相应义务与责任。

引导基金的资金来源：支持创业投资企业发展的财政性专项资金；引导基金的投资收益与担保收益；闲置资金存放银行或购买国债所得的利息收益；个人、企业或社会机构无偿捐赠的资金等。

三、引导基金的运作原则与方式

引导基金应按照"政府引导、市场运作，科学决策、防范风险"的原则进行投资运作，扶持对象主要是按照《创业投资企业管理暂行办法》规定程序备案的在中国境内设立的各类创业投资企业。在扶持创业投资企业设立与发展的过程中，要创新管理模式，实现政府政策意图和所扶持创业投资企业按市场原则运作的有效结合；要探索建立科学合理的决策、考核机制，有效防范风险，实现引导基金自身的可持续发展；引导基金不用于市场已经充分竞争的领域，不与市场争利。

引导基金的运作方式：（一）参股。引导基金主要通过参股方式，吸引社会资本共同发起设立创业投资企业。（二）融资担保。根据信贷征信机构提供的信用报告，对历史信用记录良好的创业投资企业，可采取提供融资担保方式，支持其通过债权融资增强投资能力。（三）跟进投资或其他方式。产业导向或区域导向较强的引导基金，可探索通过跟进投资或其他方式，支持创业投资企业发展并引导其投资方向。其中，跟进投资仅限于当创业投资企业投资创业早期企业或需要政府重点扶持和鼓励的高新技术等产业领域的创业企业时，引导基金可以按适当股权比例向该创业企业投资，但不得以"跟进投资"之名，直接从事创业投资运作业务，而应发挥商业性创业投资企业发现投资项目、评估投资项目和实施投资管理的作用。

引导基金所扶持的创业投资企业，应当在其公司章程或有限合伙协议等法律文件中，规定以一定比例资金投资于创业早期企业或需要政府重点扶持和鼓励的高新技术等产业领域的创业企业。引导基金应当监督所扶持创业投资企业按照规定的投资方向进行投资运作，但不干预所扶持创业投资企业的日常管理。引导基金不担任所扶持公司型创业投资企业的受托管理机构或有限合伙型创业投资企业的普通合伙人，不参与投资设立创业投资管理企业。

四、引导基金的管理

引导基金应当遵照国家有关预算和财务管理制度的规定，建立完善的内部管理制度和外部监管与监督制度。引导基金可以专设管理机构负责引导基金的日常管理与运作事务，也可委托符合资质条件的管理机构负责引导基金的日常管理与运作事务。

引导基金受托管理机构应当符合下列资质条件：（1）具有独立法人资格；（2）其管理团队具有一定的从业经验，具有较高的政策水平和管理水平；（3）最近 3 年以上持续保持良好的财务状况；（4）没有受过行政主管机关或者司法机关重大处罚的不良纪录；（5）严格按委托协议管理引导基金资产。

引导基金应当设立独立的评审委员会，对引导基金支持方案进行独立评审，以确保引导基金决策的民主性和科学性。评审委员会成员由政府有关部门、创业投资行业自律组织的代表以及社会专家组成，成员人数应当为单数。其中，创业投资行业自律组织的代表和社会专家不得少于半数。引导基金拟扶持项目单位的人员不得作为评审委员会成员参与对拟扶持项目的评审。引导基金理事会根据评审委员会的评审结果，对拟扶持项目进行决策。

引导基金应当建立项目公示制度，接受社会对引导基金的监督，确保引导基金运作的公开性。

五、对引导基金的监管与指导

引导基金纳入公共财政考核评价体系。财政部门和负责推进创业投资发展的有关部门对所设立引导基金实施监管与指导，按照公共性原则，对引导基金建立有效的绩效考核制度，定期对引导基金政策目标、政策效果及其资产情况进行评估。

引导基金理事会应当定期向财政部门和负责推进创业投资发展的有关部门报告运作情况。运作过程中的重大事件及时报告。

六、引导基金的风险控制

应通过制订引导基金章程，明确引导基金运作、决策及管理的具体程序和规定，以及申请引导基金扶持的相关条件。申请引导基金扶持的创业投资企业，应当建立健全业绩激励机制和风险约束机制，其高级管理人员或其管理顾问机构的高级管理人员应当已经取得良好管理业绩。

引导基金章程应当具体规定引导基金对单个创业投资企业的支持额度以及风险控制制度。以参股方式发起设立创业投资企业的，可在符合相关法律法规规定的前提下，事先通过公司章程或有限合伙协议约定引导基金的优先分配权和优先清偿权，以最大限度控制引导基金的资产风险。以提供融资担保方式和跟进投资方式支持创业投资企业的，引导基金应加强对所支持创业投资企业的资金使用监管，防范财务风险。

引导基金不得用于从事贷款或股票、期货、房地产、基金、企业债券、金融衍生品等投资以及用于赞助、捐赠等支出。闲置资金只能存放银行或购买国债。

引导基金的闲置资金以及投资形成的各种资产及权益，应当按照国家有关财务规章制度进行管理。引导基金投资形成股权的退出，应按照公共财政的原则和引导基金的运作要求，确定退出方式及退出价格。

七、指导意见的组织实施

本指导意见发布后，新设立的引导基金应遵循本指导意见进行设立和运作，已设立的引导基金应按照本指导意见逐步规范运作。

附录2　财政部关于印发《政府投资基金暂行管理办法》的通知

财预〔2015〕210号

党中央有关部门，国务院各部委、各直属机构，各省、自治区、直辖市、计划单列市财政厅（局、委）：

为了进一步提高财政资金使用效益，发挥好财政资金的杠杆作用，规范政府投资基金的设立、运作和风险控制、预算管理等工作，促进政府投资基金持续健康运行，根据预算法、合同法、公司法、合伙企业法等相关法律法规，我们制定了《政府投资基金暂行管理办法》，现印发给你们，请遵照执行。

财政部

2015 年 11 月 12 日

政府投资基金暂行管理办法

第一章　总则

第一条　为了进一步提高财政资金使用效益，发挥好财政资金的杠杆作用，规范政府投资基金管理，促进政府投资基金持续健康运行，根据预算法、合同法、公司法、合伙企业法等相关法律法规，制定本办法。

第二条　本办法所称政府投资基金，是指由各级政府通过预算安排，以单独出资或与社会资本共同出资设立，采用股权投资等市场化方式，引导社会各类资本投资经济社会发展的重点领域和薄弱环节，支持相关产业和领域发展的资金。

第三条　本办法所称政府出资，是指财政部门通过一般公共预算、政府性基金预算、国有资本经营预算等安排的资金。

第四条　财政部门根据本级政府授权或合同章程规定代行政府出资人职责。

第二章　政府投资基金的设立

第五条　政府出资设立投资基金，应当由财政部门或财政部门会同有关行业主管部门报本级政府批准。

第六条　各级财政部门应当控制政府投资基金的设立数量，不得在同一行业或领域重复设立基金。

第七条　各级财政部门一般应在以下领域设立投资基金：

（一）支持创新创业。为了加快有利于创新发展的市场环境，增加创业投资资本的供给，鼓励创业投资企业投资处于种子期、起步期等创业早期的企业。

（二）支持中小企业发展。为了体现国家宏观政策、产业政策和区域发展规划意图，扶持中型、小型、微型企业发展，改善企业服务环境和融资环境，激发企业创业创新活力，增强经济持续发展内生动力。

（三）支持产业转型升级和发展。为了落实国家产业政策，扶持重大关键技术产业化，引导社会资本增加投入，有效解决产业发展投入大、风险大的问题，有效实现产业转型升级和重大发展，推动经济结构调整和资源优化配置。

（四）支持基础设施和公共服务领域。为改革公共服务供给机制，创新公共设施投融资模式，鼓励和引导社会资本进入基础设施和公共服务领域，加快推进重大基础设施建设，提高公共服务质量和水平。

第八条　设立政府投资基金，可采用公司制、有限合伙制和契约制等不同组织形式。

第九条　政府投资基金出资方应当按照现行法律法规，根据不同的组织形式，制定投资基金公司章程、有限合伙协议、合同等（以下简称章程），明确投资基金设立的政策目标、基金规模、存续期限、出资方案、投资领域、决策机制、基金管理机构、风险防范、投资退出、管理费用和收益分配等。

第三章　政府投资基金的运作和风险控制

第十条　政府投资基金应按照"政府引导、市场运作，科学决策、防范风险"的原则进行运作。

第十一条　政府投资基金募资、投资、投后管理、清算、退出等通过市场化运作。财政部门应指导投资基金建立科学的决策机制，确保投资基金政策性目标实现，一般不参与基金日常管理事务。

第十二条 政府投资基金在运作过程中不得从事以下业务：

1. 从事融资担保以外的担保、抵押、委托贷款等业务；

2. 投资二级市场股票、期货、房地产、证券投资基金、评级 AAA 以下的企业债、信托产品、非保本型理财产品、保险计划及其他金融衍生品；

3. 向任何第三方提供赞助、捐赠（经批准的公益性捐赠除外）；

4. 吸收或变相吸收存款，或向第三方提供贷款和资金拆借；

5. 进行承担无限连带责任的对外投资；

6. 发行信托或集合理财产品募集资金；

7. 其他国家法律法规禁止从事的业务。

第十三条 投资基金各出资方应当按照"利益共享、风险共担"的原则，明确约定收益处理和亏损负担方式。对于归属政府的投资收益和利息等，除明确约定继续用于投资基金滚动使用外，应按照财政国库管理制度有关规定及时足额上缴国库。投资基金的亏损应由出资方共同承担，政府应以出资额为限承担有限责任。

为更好地发挥政府出资的引导作用，政府可适当让利，但不得向其他出资人承诺投资本金不受损失，不得承诺最低收益。国务院另有规定的除外。

第十四条 政府投资基金应当遵照国家有关财政预算和财务管理制度等规定，建立健全内部控制和外部监管制度，建立投资决策和风险约束机制，切实防范基金运作过程中可能出现的风险。

第十五条 政府投资基金应选择在中国境内设立的商业银行进行托管。托管银行依据托管协议负责账户管理、资金清算、资产保管等事务，对投资活动实施动态监管。

第十六条 加强政府投资基金信用体系建设，建立政府投资基金及其高级管理人员信用记录，并将其纳入全国统一的社会信用信息共享交换平台。

第四章 政府投资基金的终止和退出

第十七条 政府投资基金一般应当在存续期满后终止。确需延长存续期限的，应当报经同级政府批准后，与其他出资方按章程约定的程序办理。

第十八条　政府投资基金终止后，应当在出资人监督下组织清算，将政府出资额和归属政府的收益，按照财政国库管理制度有关规定及时足额上缴国库。

第十九条　政府投资基金中的政府出资部分一般应在投资基金存续期满后退出，存续期未满如达到预期目标，可通过股权回购机制等方式适时退出。

第二十条　财政部门应与其他出资人在投资基金章程中约定，有下述情况之一的，政府出资可无需其他出资人同意，选择提前退出：

（一）投资基金方案确认后超过一年，未按规定程序和时间要求完成设立手续的；

（二）政府出资拨付投资基金账户一年以上，基金未开展投资业务的；

（三）基金投资领域和方向不符合政策目标的；

（四）基金未按章程约定投资的；

（五）其他不符合章程约定情形的。

第二十一条　政府出资从投资基金退出时，应当按照章程约定的条件退出；章程中没有约定的，应聘请具备资质的资产评估机构对出资权益进行评估，作为确定投资基金退出价格的依据。

第五章　政府投资基金的预算管理

第二十二条　各级政府出资设立投资基金，应由同级财政部门根据章程约定的出资方案将当年政府出资额纳入年度政府预算。

第二十三条　上级政府可通过转移支付支持下级政府设立投资基金，也可与下级政府共同出资设立投资基金。

第二十四条　各级政府单独出资设立的投资基金，由财政部门根据年度预算、项目投资进度或实际用款需要将资金拨付到投资基金。

政府部门与社会资本共同出资设立的投资基金，由财政部门根据投资基金章程中约定的出资方案、项目投资进度或实际用款需求以及年度预算安排情况，将资金拨付到投资基金。

第二十五条　各级财政部门向政府投资基金拨付资金时，增列当期预算支出，按支出方向通过相应的支出分类科目反映；

收到投资收益时，作增加当期预算收入处理，通过相关预算收入科目反映；

基金清算或退出收回投资时，作冲减当期财政支出处理。

第六章　政府投资基金的资产管理

第二十六条　各级财政部门应按照《财政总预算会计制度》规定，完整准确反映政府投资基金中政府出资部分形成的资产和权益，在保证政府投资安全的前提下实现保值增值。

各级财政部门向投资基金拨付资金，在增列财政支出的同时，要相应增加政府资产——"股权投资"和净资产——"资产基金"，并要根据本级政府投资基金的种类进行明细核算。基金清算或退出收回投资本金时，应按照政府累计出资额相应冲减政府资产——"股权投资"和净资产——"资产基金"。

第二十七条　政府应分享的投资损益按权益法进行核算。政府投资基金应当在年度终了后及时将全年投资收益或亏损情况向本级财政部门报告。财政部门按当期损益情况作增加或减少政府资产——"股权投资"和净资产——"资产基金"处理；财政部门收取政府投资基金上缴投资收益时，相应增加财政收入。

第二十八条　政府投资基金应当定期向财政部门报告基金运行情况、资产负债情况、投资损益情况及其他可能影响投资者权益的其他重大情况。按季编制并向财政部门报送资产负债表、损益表及现金流量表等报表。

第二十九条　本办法实施前已经设立的政府投资基金，要按本办法规定将政府累计投资形成的资产、权益和应分享的投资收益及时向财政部门报告。财政部门要按照本办法和《财政总预算会计制度》要求，相应增加政府资产和权益。

第七章　监督管理

第三十条　各级财政部门应建立政府投资基金绩效评价制度，按年度对基金政策目标实现程度、投资运营情况等开展评价，有效应用绩效评价结果。

第三十一条　政府投资基金应当接受财政、审计部门对基金运行情况的审计、监督。

第三十二条 各级财政部门应会同有关部门对政府投资基金运作情况进行年度检查。对于检查中发现的问题按照预算法和《财政违法行为处罚处分条例》等有关规定予以处理。涉嫌犯罪的，移送司法机关追究刑事责任。

第八章 附则

第三十三条 本办法由国务院财政部门负责解释。

第三十四条 省级财政部门可结合本办法及实际情况，制定本地区实施细则。

第三十五条 本办法自印发之日起实施。

附录3 关于财政资金注资政府投资基金支持产业发展的指导意见

财建〔2015〕1062号

各省、自治区、直辖市、计划单列市财政厅（局）：

近年来，各级财政探索政府投资基金等市场化方式支持产业，有效引导了社会资本投向，促进了企业和产业发展，但也存在投向分散、运作不规范、指导监督机制不完善等问题。为贯彻落实十八届五中全会通过的《国民经济和社会发展第十三个五年规划的建议》关于"发挥财政资金撬动功能，创新融资方式，带动社会资本参与投资"等精神，规范有序推进相关工作，根据《政府投资基金管理办法》（财预〔2015〕210号），现就财政资金注资设立政府投资基金支持产业发展，提出以下指导意见：

一、指导思想、总体要求及基本原则

（一）指导思想。

规范有序运用政府投资基金方式推动重点产业发展，发挥财政资金带动社会投资、培育市场需求、促进企业创业成长等作用，提高资源配置效率和财政资金使用效益，加快经济结构调整和发展方式转变。

（二）总体要求。

使市场在资源配置中起决定性作用，更好发挥政府引导作用。协调好财政资金杠杆放大作用和多种所有制资本相互促进作用，加强顶层设计，坚持市场化运作，规范有序推进，推动解决产业重点领域和薄弱环节的资金、市场、技术等瓶颈制约。

（三）基本原则。

——聚焦重点产业。区分产业重点领域和薄弱环节，明确特定政策目标，在准确定位的基础上确定财政资金投入方式和支持产业发展的政府投资基金设立方案，解决好产业发展的瓶颈制约。

——坚持市场化运作。按照法律法规和市场通行做法明确工作机制，遵循市场规则，实行专业化管理，同时注重充分发挥社会资本作用。在确

保有效监督指导的同时，基金机构设置尽可能精简，提高效率。

——切实履行出资人职责。财政部门根据同级政府授权，切实履行对财政资金注资的政府投资基金的出资人职责。通过合理设计基金设立方案及财政出资让利措施、选好基金管理公司或团队等，充分发挥政府投资基金支持产业的作用。

二、合理运用政府投资基金聚焦支持重点产业

财政资金注资政府投资基金支持产业发展，应当针对宏观经济及产业发展的特定问题，加强政策顶层设计、明确基金定位、合理控制规模，规范有序推进。

（一）精准定位、聚焦重点。公共财政运用政府投资基金方式支持产业，限定于具有一定竞争性、存在市场失灵、外溢性明显的关键领域和薄弱环节。具体按照《政府投资基金暂行管理办法》有关规定，限定支持领域。推动产业发展方面，主要支持外部性强、基础性、带动性、战略性特征明显的产业领域及中小企业创业成长。各地应当结合上述定位，以及国家、地方产业布局和发展规划聚焦作用的特定领域。

（二）问题导向、分类施策。针对产业重点领域和薄弱环节，相机采取创业投资引导基金、产业投资基金等形式予以支持。其中：对战略性新兴产业等新兴产业及中小企业，可通过创业投资引导基金，加强资金、技术和市场相融合。对集成电路等战略主导产业及行业龙头企业，可通过产业投资基金直接投资，实现产业重点突破和跨越发展。

（三）加强引导、有序推进。通过一般公共预算、政府性基金预算、国有资本经营预算等安排对政府投资基金注资，发挥财政资金引导作用，引导社会资金投资经济社会发展的重点领域和薄弱环节。同时，要合理控制政府投资基金规模，不得在同一行业或领域重复设立基金。结合产业发展阶段性特点和要求，适时调整政府投资基金作用的领域；对市场能够充分发挥作用的领域，要及时退出。

三、规范设立运作支持产业的政府投资基金

财政资金注资设立政府投资基金支持产业，要坚持市场化运作、专业化管理，以实现基金良性运营。基金的设立和运作，应当遵守契约精神，依法依规推进，促进政策目标实现。

（一）设立市场化的基金实体。结合政府投资基金定位、社会出资人意愿等，设立公司制、合伙制等市场化基金实体，坚持所有权、管理权、托管权分离。原则上不设立事业单位形式的政府投资基金；已设立事业单位形式基金的应当积极向企业转制，不能转制的应当选聘专业管理团队，提高市场化管理水平。

（二）建立多元化的出资结构。结合政府投资基金政策目标，广泛吸引社会出资，形成多元化出资结构，优化基金内部治理结构、形成各方出资合理制衡，促进协同发展。结合财力可能、基金定位、募资难度等确定财政资金注资上限，并根据有关章程、协议及基金投资进度等分期到位。

（三）坚持专业化投资运营。财政资金注资设立的政府投资基金，原则上委托市场化基金管理公司管理，并通过委托管理协议等约定主要投资领域和投资阶段。为促进产业链协同发展，可适当布局产业上下游环节。

（四）建立适时退出机制。财政资金注资设立政府投资基金形成的股权，应根据有关法律法规并按照章程约定的条件退出。财政出资原则在基金存续期满后退出，存续期内如达到预期目标，也可考虑通过预设股权回购机制等方式适时退出。

四、切实履行财政资金出资人职责

财政部门作为财政资金管理部门，根据本级人民政府授权，并依照法律法规以及基金章程、合伙人协议等，切实履行对财政资金注资政府投资基金的出资人职责，促进支持产业政策目标实现，保障出资人权益。

（一）深入研究基金设立方案。确需设立支持产业的政府投资基金，财政部门应当主动研究设立方案，结合拟支持的产业发展所需，明确基金设立形式、运作机制、财政出资比例、让利措施等问题，同时发挥行业主管部门在行业政策及投向等方面的指导作用，明确引导基金投资结构、中长期目标等，由财政部门或财政部门会同有关行业主管部门报同级人民政府审批。

（二）选定绩优基金管理公司或团队。选择政府投资基金管理公司或团队要综合考虑团队募资能力、投资业绩、研究能力、出资实力等，预设好前置条件，确保专注管理。同时，设定合理的激励约束机制，主要是确定合理的管理费和绩效奖励、要求基金管理公司或团队对引导基金认缴出资、将对其绩效评价与管理费等挂钩等，促使基金管理公司或团队不断提高管理水平。

（三）合理确定财政出资让利措施。财政资金注资设立政府投资基金支持产业发展，着眼政策目标，坚持风险共担、收益共享。财政出资原则上与社会出资同股同权。对于"市场失灵"突出的领域，设立基金可以采取向社会出资人让渡部分分红等让利措施，但必须控制财政风险，并确保市场机制充分发挥作用。

（四）依法行使出资人权利。财政部门与其他出资人共同签订政府投资基金章程、合伙人协议等，明晰各方责权利；同时，按照有关协议约定委派董事或理事、监事等，依法依规参与基金内部治理，促进政策目标实现，保障出资权益。

（五）适时进行考核评价。财政资金控股的政府投资基金应当纳入公共财政考核评价体系，定期对基金支持产业的政策目标、政策效果及其资产情况进行评估；对于财政资金注资但不控股的基金，财政部门或财政部门授权有关部门（机构）按照公共性原则对财政出资进行考核评价。

五、积极营造政府投资基金支持产业发展的良好环境

财政资金新注资设立政府投资基金支持产业发展，要按照本意见要求规范推进。已注资的基金如具备条件，应当在出资人自愿协商一致的前提下，按照本意见调整完善运作机制。财政部门应对所注资基金加强统筹，完善机制，营造良好环境，促使更好发挥支持产业发展的政策效应。

（一）加强统筹合作。中央和地方财政资金注资的投向相近的政府投资基金，应加强合作，通过互相参股、联合投资等方式发挥合力。同时，财政资金也可参股一些产业龙头企业发起设立的基金，扶优扶强，推动产业链协同发展，优化产业布局。

（二）加强组织协调。探索建立财政资金注资政府投资基金的统计分析、考核评价、董事及监事委派、风险控制等体系。同时，加强与有关部门和单位的合作，推动建立政府投资基金支持产业发展的工作协调机制，促进政策作用的有效发挥。

（三）强化政策支撑。对符合国有股转持豁免、税收减免等规定的基金，要用足用好政策。同时，积极研究促进政府投资基金支持产业发展的政策措施，引导金融机构加大对有关基金的融资支持力度，引导产业链相关的国有企业对基金出资。

（四）完善支持方式。按照财税改革和构建现代财政制度的要求，结合经济发展规划、产业基础、资源禀赋及科技优势等实际情况，积极探索完善保险补偿、PPP、融资担保等市场化支持方式，形成政策合力共同支持产业发展，推动重点产业发展和产业转型升级。

财政部

2015 年 12 月 25 日

附录4 国家发展改革委关于印发《政府出资产业投资基金管理暂行办法》的通知

发改财金规〔2016〕2800号

中央和国家机关有关部委、直属机构，各省、自治区、直辖市及计划单列市、新疆生产建设兵团发展改革委：

为全面贯彻党的十八大和十八届三中、四中、五中全会精神，优化政府投资方式，发挥政府资金的引导作用和放大效应，提高政府资金使用效率，吸引社会资金投入政府支持领域和产业，根据《公司法》、《合伙企业法》、《中共中央国务院关于深化投融资体制改革的意见》（中发〔2016〕18号）、《国务院关于促进创业投资持续健康发展的若干意见》（国发〔2016〕53号）、《国务院关于创新重点领域投融资机制 鼓励社会投资的指导意见》（国发〔2014〕60号）等法律法规和有关文件精神，我们制定了《政府出资产业投资基金管理暂行办法》。现印发给你们，请认真贯彻执行。

国家发展改革委
2016 年 12 月 30 日

《政府出资产业投资基金管理暂行办法》

第一章 总则

第一条 为促进国民经济持续健康发展，优化政府投资方式，发挥政府资金的引导作用和放大效应，提高政府资金使用效率，吸引社会资金投入政府支持领域和产业，根据《公司法》、《合伙企业法》、《中共中央国务院关于深化投融资体制改革的意见》（中发〔2016〕18号）、《国务院关于促进创业投资持续健康发展的若干意见》（国发〔2016〕53号）、《国务院关于创新重点领域投融资机制 鼓励社会投资的指导意见》（国发〔2014〕60号）等法律法规和有关文件精神，制定本办法。

第二条 本办法所称政府出资产业投资基金，是指有政府出资，主要投资于非公开交易企业股权的股权投资基金和创业投资基金。

第三条 政府出资资金来源包括财政预算内投资、中央和地方各类专项建设基金及其它财政性资金。

第四条 政府出资产业投资基金可以采用公司制、合伙制、契约制等组织形式。

第五条 政府出资产业投资基金由基金管理人管理基金资产，由基金托管人托管基金资产。

第六条 政府出资产业投资基金应坚持市场化运作、专业化管理原则，政府出资人不得参与基金日常管理事务。

第七条 政府出资产业投资基金可以综合运用参股基金、联合投资、融资担保、政府出资适当让利等多种方式，充分发挥基金在贯彻产业政策、引导民间投资、稳定经济增长等方面的作用。

第八条 国家发展改革委会同地方发展改革部门对政府出资产业投资基金业务活动实施事中事后管理，负责推动政府出资产业投资基金行业信用体系建设，定期发布行业发展报告，维护有利于行业持续健康发展的良好市场秩序。

第二章　政府出资产业投资基金的募集和登记管理

第九条 政府向产业投资基金出资，可以采取全部由政府出资、与社会资本共同出资或向符合条件的已有产业投资基金投资等形式。

第十条 政府出资产业投资基金社会资金部分应当采取私募方式募集，募集行为应符合相关法律法规及国家有关部门规定。

第十一条 除政府外的其他基金投资者为具备一定风险识别和承受能力的合格机构投资者。

第十二条 国家发展改革委建立全国政府出资产业投资基金信用信息登记系统，并指导地方发展改革部门建立本区域政府出资产业投资基金信用信息登记子系统。中央各部门及其直属机构出资设立的产业投资基金募集完毕后二十个工作日内，应在全国政府出资产业投资基金信用信息登记系统登记。地方政府或所属部门、直属机构出资设立的产业投资基金募集完毕后二十个工作日内，应在本区域政府出资产业投资基金信用信息登记子系统登记。发展改革部门应于报送材料齐备后五个工作日内予以登记。

第十三条 政府出资产业投资基金的投资方向，应符合区域规划、区域政策、产业政策、投资政策及其他国家宏观管理政策，能够充分发挥政府资金在特定领域的引导作用和放大效应，有效提高政府资金使用效率。

第十四条　政府出资产业投资基金在信用信息登记系统登记后，由发展改革部门根据登记信息在三十个工作日内对基金投向进行产业政策符合性审查，并在信用信息登记系统予以公开。对于未通过产业政策符合性审查的政府出资产业投资基金，各级发展改革部门应及时出具整改建议书，并抄送相关政府或部门。

第十五条　国家发展改革委负责中央各部门及其直属机构政府出资设立的产业投资基金材料完备性和产业政策符合性审查。地方各级发展改革部门负责本级政府或所属部门、直属机构政府出资设立的产业投资基金材料完备性和产业政策符合性审查。以下情况除外：

（一）各级地方政府或所属部门、直属机构出资额 50 亿元人民币（或等值外币）及以上的，由国家发展改革委负责材料完备性和产业政策符合性审查；

（二）50 亿元人民币（或等值外币）以下超过一定规模的县、市地方政府或所属部门、直属机构出资，由省级发展改革部门负责材料完备性和产业政策符合性审查，具体规模由各省（自治区、直辖市）发展改革部门确定。

第十六条　政府出资产业投资基金信用信息登记主要包括以下基本信息：

（一）相关批复和基金组建方案；

（二）基金章程、合伙协议或基金协议；

（三）基金管理协议（如适用）；

（四）基金托管协议；

（五）基金管理人的章程或合伙协议；

（六）基金管理人高级管理人员的简历和过往业绩；

（七）基金投资人向基金出资的资金证明文件；

（八）其他资料。

第十七条　新发起设立政府出资产业投资基金，基金组建方案应包括：

（一）拟设基金主要发起人、管理人和托管人基本情况；

（二）拟设基金治理结构和组织架构；

（三）主要发起人和政府资金来源、出资额度；

（四）拟在基金章程、合伙协议或基金协议中确定的投资产业领域、投资方式、风险防控措施、激励机制、基金存续期限等；

（五）政府出资退出条件和方式；

（六）其他资料。

第十八条 政府向已设立产业投资基金出资，基金组建方案应包括：

（一）基金主要发起人、管理人和托管人基本情况；

（二）基金前期运行情况；

（三）基金治理结构和组织架构；

（四）基金章程、合伙协议或基金协议中确定的投资产业领域、投资方式、风险防控措施、激励机制等；

（五）其他资料。

第十九条 政府出资产业投资基金管理人履行下列职责：

（一）制定投资方案，并对所投企业进行监督、管理；

（二）按基金公司章程规定向基金投资者披露基金投资运作、基金管理信息服务等信息。定期编制基金财务报告，经有资质的会计师事务所审计后，向基金董事会（持有人大会）报告；

（三）基金公司章程、基金管理协议中确定的其他职责。

第二十条 基金管理人应符合以下条件：

（一）在中国大陆依法设立的公司或合伙企业，实收资本不低于1000万元人民币；

（二）至少有3名具备3年以上资产管理工作经验的高级管理人员；

（三）产业投资基金管理人及其董事、监事、高级管理人员及其他从业人员在最近三年无重大违法行为；

（四）有符合要求的营业场所、安全防范设施和与基金管理业务有关的其他设施；

（五）有良好的内部治理结构和风险控制制度。

第二十一条 基金应将基金资产委托给在中国境内设立的商业银行进行托管。基金与托管人签订托管协议，托管人按照协议约定对基金托管专户进行管理。政府出资产业投资基金托管人履行下列职责：

（一）安全保管所托管基金的全部资产；

（二）执行基金管理人发出的投资指令，负责基金名下的资金往来；

（三）依据托管协议，发现基金管理人违反国家法律法规、基金公司章程或基金董事会（持有人大会）决议的，不予执行；

（四）出具基金托管报告，向基金董事会（持有人大会）报告并向主管部门提交年度报告；

（五）基金公司章程、基金托管协议中规定的其他职责。

第二十二条　已登记并通过产业政策符合性审查的各级地方政府或所属部门、直属机构出资设立的产业投资基金，可以按规定取得中央各部门及其直属机构设立的政府出资产业投资基金母基金支持。

第二十三条　已登记并通过产业政策符合性审查的政府出资产业投资基金除政府外的其他股东或有限合伙人可以按规定申请发行企业债券，扩大资本规模，增强投资能力。

第三章　政府出资产业投资基金的投资运作和终止

第二十四条　政府出资产业投资基金应主要投资于以下领域：

（一）非基本公共服务领域。着力解决非基本公共服务结构性供需不匹配，因缺乏竞争激励机制而制约质量效率，体制机制创新不足等问题，切实提高非基本公共服务共建能力和共享水平。

（二）基础设施领域。着力解决经济社会发展中偏远地区基础设施建设滞后，结构性供需不匹配等问题，提高公共产品供给质量和效率，切实推进城乡、区域、人群基本服务均等化。

（三）住房保障领域。着力解决城镇住房困难家庭及新市民住房问题，完善住房保障供应方式，加快推进棚户区改造，完善保障性安居工程配套基础设施，有序推进旧住宅小区综合整治、危旧住房和非成套住房改造，切实增强政府住房保障可持续提供能力。

（四）生态环境领域。着力解决生态环境保护中存在的污染物排放量大面广，环境污染严重，山水林田湖缺乏保护，生态损害大，生态环境脆弱、风险高等问题，切实推进生态环境质量改善。

（五）区域发展领域。着力解决区域发展差距特别是东西差距拉大，城镇化仍滞后于工业化，区域产业结构趋同化等问题，落实区域合作的资金保障机制，切实推进区域协调协同发展。

（六）战略性新兴产业和先进制造业领域。着力解决战略性新兴产业和先进制造业在经济社会发展中的产业政策环境不完善，供给体系质量和效率偏低，供给和需求衔接不紧密等问题，切实推进看得准、有机遇的重点技术和产业领域实现突破。

（七）创业创新领域。着力解决创业创新在经济社会发展中的市场环境亟待改善，创投市场资金供给不足，企业创新动能较弱等问题，切实推进大众创业、万众创新。

投资于基金章程、合伙协议或基金协议中约定产业领域的比例不得低于基金募集规模或承诺出资额的60%。

国家发展改革委将根据区域规划、区域政策、产业政策、投资政策及其他国家宏观管理政策适时调整并不定期发布基金投资领域指导意见。

第二十五条 政府出资产业投资基金应投资于：

（一）未上市企业股权，包括以法人形式设立的基础设施项目、重大工程项目等未上市企业的股权；

（二）参与上市公司定向增发、并购重组和私有化等股权交易形成的股份；

（三）经基金章程、合伙协议或基金协议明确或约定的符合国家产业政策的其他投资形式。基金闲置资金只能投资于银行存款、国债、地方政府债、政策性金融债和政府支持债券等安全性和流动性较好的固定收益类资产。

第二十六条 政府出资产业投资基金对单个企业的投资额不得超过基金资产总值的20%，且不得从事下列业务：

（一）名股实债等变相增加政府债务的行为；

（二）公开交易类股票投资，但以并购重组为目的的除外；

（三）直接或间接从事期货等衍生品交易；

（四）为企业提供担保，但为被投资企业提供担保的除外；

（五）承担无限责任的投资。

第二十七条 政府出资产业投资基金应在章程、委托管理协议等法律文件中，明确基金的分配方式、业绩报酬、管理费用和托管费用标准。

第二十八条 政府出资产业投资基金章程应当加强被投资企业的资金使用监管，防范财务风险。

第二十九条 基金一般应在存续期满后终止，确需延长存续期的，应报经政府基金设立批准部门同意后，与其他投资方按约定办理。

第四章　政府出资产业投资基金的绩效评价

第三十条　国家发展改革委建立并完善政府出资产业投资基金绩效评价指标体系。评价指标主要包括：

（一）基金实缴资本占认缴资本的比例；

（二）基金投向是否符合区域规划、区域政策、产业政策、投资政策及其他国家宏观管理政策，综合评估政府资金的引导作用和放大效应、资金使用效率及对所投产业的拉动效果等；

（三）基金投资是否存在名股实债等变相增加政府债务的行为；

（四）是否存在违反法律、行政法规等行为。

第三十一条　国家发展改革委每年根据评价指标对政府出资产业投资基金绩效进行系统性评分，并将评分结果适当予以公告。有关评价办法由国家发展改革委另行制定。金融机构可以根据评分结果对登记的政府出资产业投资基金给予差异化的信贷政策。

第三十二条　国家发展改革委建立并完善基金管理人绩效评价指标体系。评价指标主要包括：

（一）基金管理人实际管理的资产总规模；

（二）基金管理人过往投资业绩；

（三）基金管理人过往投资领域是否符合政府产业政策导向；

（四）基金管理人管理的基金运作是否存在公开宣传、向非合格机构投资者销售、违反职业道德底线等违规行为；

（五）基金管理人及其管理团队是否受到监管机构的行政处罚，是否被纳入全国信用信息共享平台失信名单；

（六）是否存在违反法律、行政法规等行为。

第三十三条　国家发展改革委每年根据评价指标对基金管理人绩效进行系统性评分，并将评分结果适当予以公告。有关评价办法由国家发展改革委另行制定。各级政府部门可以根据评分结果选择基金管理人。

第五章　政府出资产业投资基金行业信用建设

第三十四条　国家发展改革委会同有关部门加强政府出资产业投资基金行业信用体系建设，在政府出资产业投资基金信用信息登记系统建立基金、基金管理人和从业人员信用记录，并纳入全国信用信息共享平台。

第三十五条　地方发展改革部门会同地方有关部门负责区域内政府出资产业投资基金行业信用体系建设，并通过政府出资产业投资基金信用信息登记系统报送基金、基金管理人和从业人员有关信息。报送内容包括但不限于工商信息、行业信息、经营信息和风险信息等。

第三十六条　对有不良信用记录的基金、基金管理人和从业人员，国家发展改革委通过"信用中国"网站统一向社会公布。地方发展改革部门可以根据各地实际情况，将区域内失信基金、基金管理人和从业人员名单以适当方式予以公告。

发展改革部门会同有关部门依据所适用的法律法规及多部门签署的联合惩戒备忘录等对列入失信联合惩戒名单的基金、基金管理人和从业人员开展联合惩戒，惩戒措施包括但不限于市场禁入、限制作为供应商参加政府采购活动、限制财政补助补贴性资金支持、从严审核发行企业债券等。

第三十七条　国家发展改革委在"信用中国"网站设立政府出资产业投资基金行业信用建设专栏，公布失信基金、基金管理人和从业人员名单，及时更新名单目录及惩戒处罚等信息，并开展联合惩戒的跟踪、监测、统计和评估工作。

第六章　政府出资产业投资基金的监督管理

第三十八条　国家发展改革委会同地方发展改革部门严格履行基金的信用信息监管责任，建立健全政府出资产业投资基金信用信息登记系统，建立完善政府出资产业投资基金绩效评价制度，加快推进政府出资产业投资基金行业信用体系建设，加强对政府出资产业投资基金的监督管理。

第三十九条　对未登记的政府出资产业投资基金及其受托管理机构，发展改革部门应当督促其在二十个工作日内申请办理登记。逾期未登记的，将其作为"规避登记政府出资产业投资基金"、"规避登记受托管理机构"，并以适当方式予以公告。

第四十条　中央各部门及其直属机构出资设立的产业投资基金的基金管理人应当于每个会计年度结束后四个月内，向国家发展改革委提交基金及基金管理人的年度业务报告、经有资质的会计师事务所审计的年度财务报告和托管报告，并及时报告投资运作过程中的重大事项。

地方政府或所属部门、直属机构出资设立的产业投资基金的基金管理人应当于每个会计年度结束后四个月内，向本级发展改革部门提交基金及基金管理人的年度业务报告、经有资质的会计师事务所审计的年度财务报告和托管报告，并及时报告投资运作过程中的重大事项。

重大事项包括但不限于公司章程修订、资本增减、高级管理人员变更、合并、清算等。

第四十一条　发展改革部门通过现场和非现场"双随机"抽查，会同有关部门对政府出资产业投资基金进行业务指导，促进基金规范运作，有效防范风险。基金有关当事人应积极配合有关部门对政府出资产业投资基金合规性审查，提供有关文件、账簿及其他资料，不得以任何理由阻扰、拒绝检查。

第四十二条　对未按本办法规范运作的政府出资产业投资基金及其基金管理机构、托管机构，发展改革部门可以会同有关部门出具监管建议函，视情节轻重对其采取责令改正、监管谈话、出具警示函、取消登记等措施，并适当予以公告。

第四十三条　建立政府出资产业投资基金重大项目稽察制度，健全政府投资责任追究制度。完善社会监督机制，鼓励公众和媒体监督。

第四十四条　各级发展改革部门应当自觉接受审计、监察等部门依据职能分工进行的监督检查。各级发展改革部门工作人员有徇私舞弊、滥用职权、弄虚作假、玩忽职守、未依法履行职责的，依法给予处分；构成犯罪的，依法追究刑事责任。

第七章　附则

第四十五条　本办法由国家发展改革委负责解释。

第四十六条　政府出资产业投资基金投资境外企业，按照境外投资有关规定办理。

第四十七条　本办法自 2017 年 4 月 1 日起施行，具体登记办法由国家发展改革委另行制定。本办法施行前设立的政府出资产业投资基金及其受托管理机构，应当在本办法施行后两个月内按照本办法有关规定到发展改革部门登记。

附录5 国家发展改革委办公厅关于做好政府出资产业投资基金绩效评价有关工作的通知

发改办财金〔2018〕1043号

各省、自治区、直辖市及计划单列市、新疆生产建设兵团发展改革委：

为规范政府出资产业投资基金（以下简称"基金"）登记管理工作，发挥好政府资金的引导作用和放大效应，进一步加强行业信用体系建设，促进行业高质量持续健康发展，根据《公司法》、《合伙企业法》、《中共中央 国务院关于深化投融资体制改革的意见》（中发〔2016〕18号）、《国务院关于促进创业投资持续健康发展的若干意见》（国发〔2016〕53号）、《国务院关于创新重点领域投融资机制 鼓励社会投资的指导意见》（国发〔2014〕60号）、《政府出资产业投资基金管理暂行办法》（发改财金规〔2016〕2800号）等法律法规和有关文件精神，我委拟开展政府出资产业投资基金绩效评价（以下简称"绩效评价"）工作。本次绩效评价是指对在全国政府出资产业投资基金信用信息登记系统中登记并完成材料齐备性审核的基金和基金管理人，运用科学合理的绩效评价指标、评价标准和评价方法，对政府出资产业投资基金的政策目标实现程度、投资管理能力、综合信用水平、经济效益等进行客观、公正的评价。现就有关事项通知如下。

一、绩效评价的主要意义。是对全国政府出资产业投资基金和基金管理人的综合性评价，区别于主要通过尽职调查等方式对单一基金主体进行的第三方评价和主要考核基金中政府出资部分绩效的财政性绩效评价。本次评价以系统自动抓取已填报信息和基金管理人自主填报补充信息为主，以发展改革部门或发展改革部门委托的第三方机构抽查为辅，以在全国信用信息共享平台查询基金和基金管理人信用记录为重要补充，合理确定指标选取范围及考核权重，重点考核政府出资产业投资基金政策目标实现效果、投资运营情况和信用水平。绩效评价与国家宏观政策导向、政府出资产业投资基金服务实体经济的能力和水平、行业社会信用体系建设有机结合，引导更多社会资本投入国家鼓励支持的重点领域和薄弱环节，推动基金在支持创新发展和产业升级方面发挥更大作用。

二、绩效评价的主要目标。旨在贯彻落实国家宏观政策导向，加强行业信用体系建设，提升政府出资产业投资基金服务实体经济的质效，构建行业守信联合激励和失信联合惩戒机制，促进行业高质量持续健康发展。根据政府出资产业投资基金设立目的、基金定位，在坚持市场化运作、专业化管理原则的基础上，通过对政府出资产业投资基金进行绩效评价，推动基金贯彻国家区域规划、区域政策、产业政策、投资政策及其他国家宏观管理政策，加强行业信用体系建设。

三、绩效评价的主要内容。包括基金政策效应、管理效能、信用水平、经济效益等。绩效评价坚持在线实时填报、简单快捷高效的原则，采用定量与定性分析相结合的方法，依托全国政府出资产业投资基金信用信息登记系统，由发展改革部门根据基金特点分类组织实施。

四、绩效评价的指标设置。绩效评价根据基金所处投资阶段分为投资期基金评价和退出期基金评价，主要指标分为政策评价、管理评价、信用评价、经济评价四大类。政策评价主要考核基金投资贯彻国家区域规划、区域政策、产业政策、投资政策及其他国家宏观管理政策的情况，按基金章程、合伙协议和基金协议约定的投资方向的符合度以及引导社会资金参与的财政资金放大倍数；管理评价主要考核基金管理人的规范性和专业性；信用评价主要考核基金和基金管理人的信用状况。此外，针对退出期基金的特点，绩效考核在退出期单设了经济评价指标，对基金收益情况和已投企业运营情况进行考核。

五、绩效评价的指标类型。主要有四类，一是系统性指标，由基金管理人填报后系统自动提取；二是自评指标，由基金管理人自主填报，发展改革部门按一定比例重点抽查或确认；三是他评指标，由发展改革部门根据基金登记实际情况填写；四是奖惩类指标，主要考核基金投向是否符合国家宏观管理政策、运营是否合法合规，信用水平是否良好等。

六、绩效评价结果的应用。基金和基金管理人评价结果除告知基金和基金管理人主体外，部分内容将以适当形式向社会公开，并向有关部门、托管机构、社会资本推送；所有基金评价结果向省、市地方政府和基金财政出资方推送。

七、绩效评价的组织实施和时限要求。各级发展改革部门按照《政府出资产业投资基金管理暂行办法》第十五条确定的权限范围组织政府出资产业投资基金管理人在 9 月底前通过全国政府出资产业投资基金信用信息登记系统完成重大事项更新和绩效评价指标填报工作，涉及各级发展改革部门核查、确认或填写等事项的，应于 10 月上旬完成。

附件：政府出资产业投资基金绩效评价指标

国家发展改革委办公厅

2018 年 8 月 30 日

附录6　关于加强政府投资基金管理　提高财政出资效益的通知

财预〔2020〕7 号

党中央有关部门，国务院各部委、各直属机构，各省、自治区、直辖市、计划单列市财政厅（局），新疆生产建设兵团财政局：

近年来，各级政府批准设立的政府投资基金（以下简称基金）已经形成较大规模，对创新财政资金使用、引导新兴产业发展、撬动社会资本投入发挥了重要作用。但同时一些基金也存在政策目标重复、资金闲置和碎片化等问题。为加强对设立基金或注资的预算约束，提高财政出资效益，促进基金有序运行，现就有关事项通知如下：

一、强化政府预算对财政出资的约束。对财政出资设立基金或注资须严格审核，纳入年度预算管理，报本级人大或其常委会批准；数额较大的，应根据基金投资进度分年安排。设立基金要充分考虑财政承受能力，合理确定基金规模和投资范围。年度预算中，未足额保障"三保"、债务付息等必保支出的，不得安排资金新设基金。预算执行中收回的沉淀资金，按照推进财政资金统筹使用和盘活存量资金的规定，履行必要程序后，可用于经济社会发展急需领域的基金注资。

二、着力提升政府投资基金使用效能。发挥财政出资的杠杆作用，积极带动社会资本投入，围绕产业转型升级、推进供给侧结构性改革和做好"六稳"等开展基金运作。完善基金内部治理结构，加快基金投资进度，提高基金运作效率，减少资金闲置，从严控制管理费用。支持地方政府推进基金布局适度集中，聚焦需要政府调节的关键性、创新型行业领域，防止对民间投资形成挤出效应。鼓励上下级政府按照市场化原则互相参股基金，形成财政出资合力。同一行业领域设立多支目标雷同基金的，要在尊重出资人意愿的基础上，推动整合或调整投资定位。

三、实施政府投资基金全过程绩效管理。财政部门会同相关部门对基金实施全过程绩效管理。行业主管部门负责做好事前绩效评估，制定绩效目标和绩效指标，开展绩效监控，每年末基金实施绩效自评。自评结果报财政部门和其他主要出资人审核。财政部门可组织对基金开展重点绩效评价，主要评价政策目标实现程度、财务效益和管理水平。绩效自评和重点绩效评价结果作为基金存续、计提管理费的重要依据。

四、健全政府投资基金退出机制。设立基金要规定存续期限和提前终止条款，并设置明确的量化指标。基金投资项目偏离目标领域的，财政部门应会同行业主管部门及时纠正；问题严重的，报经本级政府批准后，可中止财政出资或收回资金。基金绩效达不到预期效果、投资进度缓慢或资金长期闲置的，财政出资应按照章程（协议）择机退出。基金未按约定时间完成设立、开展业务，或募集社会资本低于约定下限的，财政出资可提前退出。

五、禁止通过政府投资基金变相举债。严格遵守党中央、国务院关于地方政府债务管理的各项规定，不得通过基金以任何方式变相举债。地方政府债券资金不得用于基金设立或注资。地方财政部门要会同相关部门对违反上述规定的基金严肃整改。财政部各地监管局按照有关职责和工作部署，加强对涉嫌变相举债基金的监管，协助地方防范隐性债务风险。

六、完善政府投资基金报告制度。受托管理基金的机构应定期向财政部门和其他出资人报告基金运行情况。财政部门会同相关部门监测基金运行情况，向本级政府汇总报告其批准设立基金的总体情况，包括政策引导效果、财政出资变动、基金投资回报和管理费用等。

以上要求适用于中央和地方政府直接出资的政府投资基金（包括作为管理平台的母基金）。母基金出资设立的子基金及以下层级基金，参照本通知精神执行。

请省级（含计划单列市）财政部门于 2020 年 5 月 31 日前，将落实本通知的简要情况，包括已采取政策措施、下一步工作安排等报送我部。

财政部

2020 年 2 月 12 日

参考文献

边思凯,周亚虹,2020. 创投引导基金能否发挥引导作用:基于企业融资视角的面板数据分析 [J]. 财经研究, 46 (6): 155-168.

蔡宁,何星,2015. 社会网络能够促进风险投资的"增值"作用吗:基于风险投资网络与上市公司投资效率的研究 [J]. 金融研究, 12: 178-193.

曾义,冯展斌,张茜,2016. 地理位置、环境规制与企业创新转型 [J]. 财经研究, 42 (9): 87-98.

陈和,2006. 创业投资的政策性引导基金模式研究 [J]. 科学学与科学技术管理, 27 (5): 79-83.

陈洪天,沈洪涛,2018. 风险投资是新三板市场"积极的投资者吗" [J]. 财贸经济, 6: 73-87.

陈少强,郭骊,郏紫卉,2017. 政府引导基金演变的逻辑 [J]. 中央财经大学学报, 2: 3-13.

陈时兴,2012. 政府投资对民间投资挤入与挤出效应的实证研究:基于1980—2010年的中国数据 [J]. 中国软科学, 10: 169-176.

陈思,何文龙,张然,2017. 风险投资与企业创新:影响和潜在机制 [J]. 管理世界, 1: 158-169.

陈旭东,刘畅,2017. 政府创业投资引导基金带动创业了吗? [J]. 上海经济研究, 11: 22-32.

程承坪,朱明达,2019. 大数据时代的政府与市场关系探讨 [J]. 中国软科学, 9: 185-192.

程聪慧,郭俊华,2019. 创业投资政府引导基金:国外研究进展及启示 [J]. 公共行政评论, 12 (1): 89-108.

程聪慧,王斯亮,2018. 创业投资政府引导基金能引导创业企业创新吗？[J]．科学学研究，36（8）：1466-1473．

丛菲菲，张强，2019．国有创投资本能拾遗补阙吗：基于我国创业投资事件的实证研究[J]．证券市场导报，1：20-27．

党兴华，施国平，仵永恒，2015．政治关联与风险资本筹集[J]．预测，34（6）：45-50．

党印，2012．公司治理与技术创新：综述及启示[J]．产经评论，3（6）：62-75．

邓晓兰，孙长鹏，2019．企业创新、产业升级与政府引导基金的作用机制[J]．山西财经大学学报，41（5）：54-67．

董建卫，郭立宏，2016．参股对象选择对引导基金参股投资杠杆效应的影响研究[J]．投资研究，35（5）：60-75．

董建卫，郭立宏，2017．创业投资引导基金的补偿机制对引导效应的影响[J]．中国科技论坛，4：5-12．

董建卫，施国平，郭立宏，2019．联合投资网络和引导基金网络对企业创新的影响[J]．科学学研究，37（2）：362-374．

董建卫，王晗，郭立宏，2018．引导基金地域、行业投资偏好[J]．科技进步与对策，35（3）：116-122．

董建卫，王晗，施国平，郭立宏，2018．政府引导基金参股创投基金对企业创新的影响[J]．科学学研究，36（8）：1474-1486．

董静，汪立，吴友，2017．地理距离与风险投资策略选择：兼论市场环境与机构特质的调节作用[J]．南开管理评论，20（2）：4-16．

范宏博，2012．中国风险投资业绩影响因素研究[J]．科研管理，33（3）：128-135．

冯冰，杨敏利，2014．宏观经济环境对风险资本筹集的影响：需求驱动还是供给驱动？[J]．管理评论，26（10）：64-75．

付雷鸣，万迪昉，张雅慧，2012．VC是更积极的投资者吗：来自创业板上市公司创新投入的证据[J]．金融研究，10：125-138．

傅家骥，1998．技术创新学[M]．北京：清华大学出版社．

傅嘉成，宋砚秋，2016．中国企业风险投资（CVC）投资策略与投资绩效的实证研究[J]．投资研究，35（6）：29-44．

苟燕楠，董静，2014．风险投资背景对企业技术创新的影响研究[J]．科研管理，35（2）：35-42．

苟燕楠，董静，2013. 风险投资进入时机对企业技术创新的影响研究 [J]. 中国软科学，(3)：132-140.

顾婧，任珮嘉，徐泽水，2015. 基于直觉模糊层次分析的创业投资引导基金绩效评价方法研究 [J]. 中国管理科学，23 (9)：124-131.

郭立宏，2018. 创业风险投资引导基金参股投资的杠杆效应研究 [J]. 西北大学学报（哲学社会科学版），48 (3)：109-117.

胡刘芬，沈维涛，2014. 联合投资策略对风险投资绩效的影响研究 [J]. 证券市场导报，11：8-20.

黄波，陈晖，黄伟，2015. 引导基金模式下协同创新利益分配机制研究 [J]. 中国管理科学，23 (3)：66-75.

黄福广，2017. 风险投资基金 [M] 北京：中国财政经济出版社.

黄福广，贾西猛，田莉，2016. 风险投资机构高管团队知识背景与高科技投资偏好 [J]. 管理科学，29 (5)：31-44.

黄福广，贾西猛，2018. 校友关系、信任与风险投资交易 [J]. 经济管理，40 (7)：161-177.

黄福广，李西文，2009. 中小企业IPO、盈余管理与风险资本持股：来自中小企业板上市公司的实证证据 [C]. 第四届中国管理学年会：创业与中小企业管理分会场论文集.

黄福广，彭涛，邵艳，2014. 地理距离如何影响风险资本对新企业的投资 [J]. 南开管理评论，17 (6)：83-95.

黄福广，王建业，朱桂龙，2016. 风险资本专业化对被投资企业技术创新的影响 [J]. 科学学研究，34 (12)：1875-1885.

黄福广，王建业，2019. 风险资本、高管激励与企业创新 [J]. 系统管理学报，28 (4)：601-614.

黄福广，张慧雪，彭涛，贾西猛，2021. 国有资本如何有效参与风险投资：基于引导与直投的比较证据 [J]. 研究与发展管理，33 (3)：30-42.

黄嵩，倪宣明，张俊超，赵慧敏，2020. 政府引导基金能促进技术创新吗？：基于我国科技型初创企业的实证研究 [J]. 管理评论，32 (3)：110-121.

解维敏，方红星，2011. 金融发展、融资约束与企业研发投入 [J]. 金融研究，5：171-183.

金雪军，赵治辉，2014. 政府创业投资绩效评价和风险测度研究进展

［J］.软科学，28（5）：20-23.

金永红，蒋宇思，奚玉芹，2016.风险投资参与、创新投入与企业价值增值［J］.科研管理，37（9）：59-67.

李昶，李善民，Philip Chang，史欣向，2015.跨国并购能促进经济增长吗：FDI进入模式、内源投资与东道国经济增长的关系研究［J］.管理评论，27（4）：3-12.

李朝晖，2010.美国SBIC融资担保模式对我国政策性创业投资引导基金的启示［J］.金融理论与实践，3：104-108.

李虹，邹庆，2018.环境规制、资源禀赋与城市产业转型研究：基于资源型城市与非资源型城市的对比分析［J］.经济研究，53（11）：182-198.

李梦雅，严太华，2020.风险投资、技术创新与企业绩效：影响机制及其实证检验［J］.科研管理，41（7）：70-78.

李强，2016.技术创新、行业特征与制造业追赶绩效［J］.科学学研究，34（2）：312-320.

李显君，王巍，刘文超，王京伦，2018.中国上市汽车公司所有权属性、创新投入与企业绩效的关联研究［J］.管理评论，30（2）：71-82.

李严，罗国锋，马世美，2012.风险投资机构人力资本与投资策略的实证研究［J］.管理科学，25（3）：45-55.

李尧，张本照，2013.风险投资背景与上市公司经营绩效［J］.合肥工业大学学报（自然科学版），36（4）：473-476.

刘晓明，胡文伟，李湛，2010.风险投资声誉、IPO折价和长期业绩：一个研究综述［J］.管理评论，22（11）：9-20.

刘一欧，黄静，2012.我国政府投资对民间投资的挤出（挤入）效应研究：基于区域差异视角的面板数据分析［J］.经济经纬，4：22-26.

卢太平，张东旭，2014.融资需求、融资约束与盈余管理［J］.会计研究，1：35-41+94.

陆瑶，张叶青，贾睿，李健航，2017."辛迪加"风险投资与企业创新［J］.金融研究，6：159-175.

马宁，孟卫东，姬新龙，2018.国有风险资本协同智力资本的企业价值创造研究［J］.研究与发展管理，30（1）：60-71.

孟卫东，王利明，熊维勤，2010.创业投资引导基金中公共资本对私人资本的补偿机制［J］.系统工程理论与实践，30（9）：1572-1578.

倪文新，李毅光，冯雪，2013. 我国西部地区创业风险投资引导基金存在的问题与对策 [J]. 软科学，27（7）：93-97.

庞跃华，曾令华，2011. 创业投资引导基金运作模式的国际比较与中国选择 [J]. 湖南大学学报（社会科学版），25（3）：34-38.

彭涛，黄福广，李少育，2018. 风险资本对企业代理成本的影响：公司治理的视角 [J]. 管理科学，31（4）：62-78.

钱苹，张帏，2007. 我国创业投资的回报率及其影响因素 [J]. 经济研究，5：78-90.

乔治. 勒纳，2012. 梦断硅谷 [M]. 北京：中信出版社.

沈丽萍，2015. 风险投资对中小企业自主创新的影响：基于创业板的经验证据 [J]. 证券市场导报，1：59-64.

沈维涛，胡刘芬，2014. 专业化投资策略对风险投资绩效的影响及机理 [J]. 山西财经大学学报，36（5）：42-53.

沈维涛，叶小杰，徐伟，2013. 风险投资在企业 IPO 中存在择时行为吗：基于我国中小板和创业板的实证研究 [J]. 南开管理评论，16（2）：133-142.

沈毅，张慧雪，贾西猛，2019. 经济政策不确定性、高管过度自信与企业创新 [J]. 经济问题探索，2：39-50.

施国平，党兴华，董建卫，2016. 引导基金能引导创投机构投向早期和高科技企业吗：基于双重差分模型的实证评估 [J]. 科学学研究，34（6）：822-832.

孙力强，倪正东，2008. 中国创业投资机构募集资金影响因素分析 [J]. 研究与发展管理，20（3）：82-87.

谈毅，叶岑，2001. 风险投资在公司治理结构中的效率分析 [J]. 中国软科学，4：46-51.

谈毅，2002. 风险投资制度安排对企业融资效率的作用机理研究 [D]. 西安交通大学博士论文.

田利辉，叶瑶，黄福广，2015. 发行上市、声誉效应和风险投资机构再融资研究 [J]. 证券市场导报，10：19-26.

田鸣，王腾，张阳，唐震，余菲菲，2019. 国有股权让中国企业在创新中"分心"了吗：来自高新技术上市公司的经验证据 [J]. 研究与发展管理，31（5）：137-147.

涂红，刘月，2014. 中国风险资本市场发展的决定因素：基于分地区面板数据的经验分析 [J]. 南开经济研究，2：76-98.

王晗，刘慧侠，董建卫，2018. 政府引导基金参股创投基金能促进企业创新吗：基于零膨胀负二项分布模型的实证研究 [J]. 研究与发展管理，30（2）：93-102.

王书斌，2019. 创业者教育背景与天使融资：来自创业真人秀节目的经验证据 [J]. 研究与发展管理，31（5）：64-76.

吴斌，徐小新，何建敏，2012. 双边道德风险与风险投资企业可转换债券设计 [J]. 管理科学学报，15（1）：11-21.

吴超鹏，吴世农，程静雅，王璐. 2012. 风险投资对上市公司投融资行为影响的实证研究 [J]. 经济研究，47（1）：105-119+160.

吴翠凤，吴世农，刘威，2014. 风险投资介入创业企业偏好及其方式研究：基于中国创业板上市公司的经验数据 [J]. 南开管理评论，17（5）：151-160.

吴世飞，2016. 股权集中与第二类代理问题研究述评 [J]. 外国经济与管理，38（1）：87-100.

肖文，林高榜，2014. 政府支持、研发管理与技术创新效率：基于中国工业行业的实证分析 [J]. 管理世界，4：71-80.

肖文，薛天航，2019. 劳动力成本上升、融资约束与企业全要素生产率变动 [J]. 世界经济，42（1）：76-94.

邢恩泉，2014. 基于资金引导模式的政府引导创业投资的经济学模型分析 [J]. 投资研究，33（12）：25-42.

许昊，万迪昉，徐晋，2015. 风投与企业阶段 [J]. 科学学研究，33（7）：1081-1088.

许昊，万迪昉，徐晋，2016. 风险投资改善了新创企业 IPO 绩效吗？[J]. 科研管理，37（1）：101-109.

燕志雄，张敬卫，费方域，2016. 代理问题、风险基金性质与中小高科技企业融资 [J]. 经济研究，51（9）：132-146.

杨大楷，李丹丹，2012. 政府支持风险投资的必要性研究述评 [J]. 云南民族大学学报（哲学社会科学版），29（3）：99-107.

杨大楷，李丹丹，2012. 政府支持对中国风险投资业影响的实证研究 [J]. 山西财经大学学报，34（5）：52-60.

杨军，周月书，褚保金，2009. 政府创业风险投资引导基金组织制度安排与代理成本分析 [J]. 经济学动态，6：81-84.

杨敏利，丁文虎，郭立宏，2017. 创业投资引导基金参股对创投机构后续募资的影响研究 [J]. 预测，36（5）：43-48.

杨敏利，李昕芳，仵永恒，2014. 政府创业投资引导基金的引导效应研究 [J]. 科研管理，35（11）：8-16.

杨敏利，王晗，董建卫，2015. 政府引导基金能引导社会资金进入创投市场吗？[J]. 中国科技论坛，11：107-111.

杨晔，邵同尧，2012. 基于面板数据的风险投资与区域创新因果关系研究 [J]. 管理评论，24（6）：27-33.

叶小杰，贾昊阳，2020. 风险投资支持、金融中介声誉是否影响新三板企业入选创新层 [J]. 山西财经大学学报，42（2）：29-43.

叶小杰，沈维涛，2013. 风险投资声誉、联合投资与成功退出 [J]. 山西财经大学学报，35（12）：46-55.

叶小杰，王怀芳，2016. 风险投资声誉研究述评及展望 [J]. 管理世界，11：184-185.

叶小杰，2014. 风险投资声誉、成功退出与投资收益：我国风险投资行业的经验证据 [J]. 经济管理，36（8）：98-108.

余琰，罗炜，李怡宗，朱琪，2014. 国有风险投资的投资行为和投资成效 [J]. 经济研究，49（2）：32-46.

袁蓉丽，文雯，汪利，2014. 风险投资和 IPO 公司董事会治理：基于倾向评分匹配法的分析 [J]. 中国软科学，5：118-128.

张春香，2019. 风险投资对高科技企业技术创新的非线性影响 [J]. 软科学，33（10）：13-19.

张东生，刘健钧，2000. 中国创业投资基金组织结构与立法模式探讨 [J]. 金融研究，6：1-10.

张慧雪，沈毅，郭怡群，2020. 政府补助与企业创新的"质"与"量"：基于创新环境视角 [J]. 中国科技论坛，3：44-53.

张慧雪，2018. 探索中国政府引导基金发展运作新模式 [J]. 未来与发展，42（1）：39-45.

张学勇，廖理，2011. 风险投资背景与公司 IPO：市场表现与内在机理 [J]. 经济研究，6：118-132.

张学勇，吴雨玲，郑轶，2016. 我国风险投资机构（VC）的本地偏好研究 [J]. 投资研究，35（6）：86-104.

张学勇，张叶青，2016. 风险投资、创新能力与公司 IPO 的市场表现 [J]. 经济研究，51（10）：112-125.

张永明，潘攀，邓超，2018. 私募股权投资进入对上市公司 IPO 当年业绩的影响研究 [J]. 管理科学，31（1）：149-160.

赵莎莎，张新宁，2018. 科技成果转化引导基金子基金的质量管理研究 [J]. 科学学研究，36（10）：1790-1794.

赵维久，2016. 我国创业投资引导基金对社会资本的带动效应 [J]. 财会月刊，17：122-128.

周伶，郭戎，王乃磊，2014. 影响企业获得风险投资的特质因素研究 [J]. 中国软科学，11：105-114.

周铭山，张倩倩，2016. "面子工程"还是"真才实干"：基于政治晋升激励下的国有企业创新研究 [J]. 管理世界，12：116-132.

左志刚，石方志，谭观钦，2017. 国有创投发挥了引导作用吗：基于鉴证机理的实证检验 [J]. 财经研究，43（12）：17-29.

左志刚，2011. 政府干预风险投资的有效性：经验证据及启示 [J]. 财经研究，37（5）：123-133.

ABADIE A，DRUKKER D，HERR J L，IMBENS G W，2004. Implementing matching estimators for average treament effects in stata [J]. The Stata Journal，2004，4：290-311.

ACHARYA V，XU Z，2017. Financial dependence and innovation：the case of public versus private firms [J]. Journal of Financial Economics. 124（2）：223-243.

ADMATI A R，DEMARZO P M，HELLWIG M F，PFLEIDERER P，2018. The leverage ratchet effect [J]. The Journal of Finance，73（1）：145-198.

ADRIAN T，CRUMP R K，VOGT E. 2019. Nonlinearity and flight-to-safety in the risk-return trade-off for stocks and bonds [J]. The Journal of Finance，74（4）：1931-1973.

ARMOUR J，CUMMING D，2006. The legislative road to silicon valley [J]. Oxford Economic Papers，58（4）：596-635.

ATMAZ A，BASAK S，2018. Belief dispersion in the stock market [J].

The Journal of Finance, 73 (3): 1225-1279.

BERNSTEIN S, KORTEWEG A, LAWS K, 2017. Attracting early-stage investors: evidence from a randomized field experiment [J]. The Journal of Finance, 72 (2): 509-538.

BERTONI F, COLOMBO M G, QUAS A, 2019. The role of governmental venture capital in the venture capital ecosystem: an organizational ecology perspective [J]. Entrepreneurship Theory and Practice, 43 (3): 611-628.

BERTONI F, TYKVOVA T, 2015. Does governmental venture capital spur invention and innovation? evidence from young European biotech companies [J]. Research Policy, 44 (4): 925-935.

BETTIS J C, BIZJAK J, COLES J L, KALPATHY S, 2018. Performance-vesting provisions in executive compensation [J]. Journal of Accounting and Economics, 66 (1): 194-221.

BHATTACHARYA U, HSU P, TIAN X, XU Y, 2017. What affects innovation more: policy or policy uncertainty? [J]. Journal of Financial and Quantitative Analysis, 52 (5): 1869-1901.

BLOCK J H, DEVRIES G, SCHUMANN J H, SANDNER P, 2014. Trademarks and venture capital valuation [J]. Journal of Business Venturing, 29 (4): 525-542.

BOLTON P, WANG N, YANG J, 2019. Optimal contracting, corporate finance, and valuation with inalienable human capital [J]. The Journal of Finance, 74 (3): 1363-1429.

BOROCHIN P, YANG J, 2017. The effects of institutional investor objectives on firm valuation and governance [J]. Journal of Financial Economics, 126 (1): 171-199.

BOTTAZZI L, DA RIN M, HELLMANN T, 2016. The importance of trust for investment: evidence from venture capital [J]. Review of Financial Studies, 29 (9): 2283-2318.

BRANDER J A, DU Q Q, HELLMANN T, 2015. The effects of government-sponsored venture capital: international evidence [J]. Review of Finance, 19 (2): 571-618.

BRANDER J A, EGAN E, HELLMANN T F, 2010. Government sponsored versus private venture capital: Canadian evidence [M]. International Differences in Entrepreneurship, University of Chicago Press, 275-320.

BRAUN R, JENKINSON T, STOFF I, 2017. How persistent is private equity performance? evidence from deal-level data [J]. Journal of Financial Economics, 123 (2): 273-291.

BROWN S, LU Y, RAY S, TEO M, 2018. Sensation seeking and hedge funds [J]. The Journal of Finance, 73 (6): 2871-2914.

BUZZACCHI L, SCELLATO G, UGHETTO E, 2013. The investment strategies of publicly sponsored venture capital funds [J]. Journal of Banking & Finance, 37 (3): 707-716.

CARPENTER R E, PETERSEN B C, 2022. Capital market imperfections, high-tech investment, and new equity financing [J]. The Economic Journal, 112 (477): F54-F72.

CHEMMANUR T, LOUTSKINA E, TIAN X, 2014. Corporate venture capital, value creation, and innovation [J]. Review of Financial Studies. 27: 2434-2473.

CHORDIA T, GREEN T C, KOTTIMUKKALUR B, 2018. Rent seeking by low-latency traders: evidence from trading on macroeconomic announcements [J]. Review of Financial Studies, 31 (12): 4650-4687.

COLOMBO M G, CUMMING D, VISMARA S, 2016. Governmental venture capital for innovation young firms [J]. Journal of Technology Transfer. 41 (1): 10-24.

CORNAGGIA J, LI J Y, 2019. The value of access to finance: evidence from M&As [J]. Journal of Financial Economics, 131 (1): 232-250.

CORREDOIRA R A, GOLDFARB B D, SHI Y, 2018. Federal funding and the rate and direction of inventive activity [J]. Research Policy, 47 (9): 1777-1800.

CUMMING D, MACINTOSH J, 2007. Mutual funds that invest in private equity? an analysis of labour-sponsored investment funds [J]. Cambridge Journal of Economics, 31 (3): 445-487.

CUMMING D, DAI N, 2010. Local bias in venture capital investments [J]. Journal of Empirical Finance, 17 (3): 362-380.

CUMMING D, HENRIQUES I, SADORSKY P, 2016. "Cleantech" venture capital around the world [J]. International Review of Financial Analysis, 44: 86-97.

CUMMING D, JOHAN S, MACINTOSH J G, 2017. A drop in an empty pond: Canadian public policy towards venture capital [J]. Economia e Politica Industriale, 44 (1): 103-117.

CUMMING D, JOHAN S, 2013. Venture capital and private equity contracting [M]. Oxford: Elsevier Science Academic Press.

CUMMING D, RUI O, WU Y, 2016. Political instability, access to private debt, and innovation investment in China [J]. Emerging Markets Review, 29: 68-81.

CUMMING D, ZHANG Y, 2016. Alternative investments in emerging markets: a review and new trends [J]. Emerging Markets Review, 29: 1-23.

CUMMING D, 2007. Government policy towards entrepreneurial finance: innovation investment funds [J]. Journal of Business Venture, 22 (2): 193-235.

DAHAJ S, COZZARIN A, PAUL B, 2019. Government venture capital and cross-border investment [J]. Global Finance Journal, 3 (1): 113-127.

DANG T V, XU Z, 2018. Market sentiment and innovation activities [J]. Journal of Financial and Quantitative Analysis, 53 (3): 1135-1161.

DARMOUNI O, SUTHERLAND A, 2021. Learning about competitors: evidence from SME lending [J]. Review of Financial Studies, 34 (5): 2275-2317.

DASGUPTA S, LI E X N, YAN D, 2019. Inventory behavior and financial constraints: theory and evidence [J]. Review of Financial Studies, 32 (3): 1188-1233.

DEL-PALACIO I, ZHANG X T, SOLE F, 2012. The capital gap for small technology companies: public venture capital to the rescue? [J]. Small Business Economics, 38 (3): 283-301.

EISDORFER A, GOYAL A, ZHDANOV A, 2019. Equity misvaluation and default options [J]. The Journal of Finance, 74 (2): 845-898.

EWENS M, NANDA R, RHODES-KROPF M, 2018. Cost of experimentation and the evolution of venture capital [J]. Journal of Financial Economics,

128 (3): 422-442.

FACCIO M, XU J, 2018. Taxes, capital structure choices, and equity value [J]. Journal of Financial and Quantitative Analysis, 53 (3): 967-995.

FAMA E F, FRENCH K R, 2002. Testing trade-off and pecking order predictions dividends and debt [J]. Review of Financial Studies, 15 (1): 1-33.

FARAGO A, TEDONGAP R, 2018. Downside risks and the cross-section of asset returns [J]. Journal of Financial Economics, 129 (1): 69-86.

FERREIRA D, MANSO G, SILVA A C, 2014. Incentives to innovate and the decision to go public or private [J]. Review of Financial Studies, 27: 256-300.

GAO H, HSU P-H, LI K, 2017. Innovation strategy of private firms [J]. Journal of Financial and Quantitative Analysis, forthcoming.

GENNAIOLI N, SHLEIFER A, VISHNY R, 2015. Money doctors [J]. The Journal of Finance, 70 (1): 91-114.

GILJE E P, TAILLARD J P, 2017. Does hedging affect firm value? evidence from a natural experiment [J]. Review of Financial Studies, 30 (12): 4083-4132.

GLOVER B, LEVINE O, 2017. Idiosyncratic risk and the manager [J]. Journal of Financial Economics, 126 (2): 320-341.

GOMPERS P, KAPLAN S N, MUKHARLYAMOV V, 2016. What do private equity firms say they do? [J]. Journal of Financial Economics, 121 (3): 449-476.

GOMPERS P, 1996. Grandstanding in the venture capital industry [J]. Journal of Financial Economics, 42 (1): 133-156.

GORNALL W, STREBULAEV I A, 2020. Squaring venture capital valuations with reality [J]. Journal of Financial Economics, 135 (1): 120-143.

GRAHAM J R, LI S, QIU J, 2011. Managerial attributes and executive compensation [J]. Review of Financial Studies, 25 (1): 144-186.

GUERINI M, QUAS A, 2016. Governmental venture capital in Europe: screening and certification [J]. Journal of Business Venturing, 31 (2): 175-195.

GUO B, PEREZ-CASTRILLO D, TOLDRA-SIMATS A, 2019. Firms' innovation strategy under the shadow of analyst coverage [J]. Journal of Financial

Economics, 131 (2): 456-483.

GUPTA A, RAMAN K, SHANG C, 2020. Do informal contracts matter for corporate innovation? evidence from social capital [J]. Journal of Financial and Quantitative Analysis, 55 (5): 1657-1684.

HADLOCK C J, PIERCE J R, 2010. New evidence on measuring financial constrains: moving beyond and the KZ index [J]. Review of Financial Studies, 23 (5): 1909-1940.

HALIM E, RIYANTO Y E, ROY N, 2019. Costly information acquisition, social networks, and asset prices: experimental evidence [J]. The Journal of Finance, 74 (4): 1975-2010.

HARFORD J, JIANG F, WANG R, XIE F, 2019. Analyst career concerns, effort allocation, and firms' information environment [J]. Review of Financial Studies, 32 (6): 2179-2224.

HARRIS R S, JENKINSON T, KAPLAN S N, STUCKE R, 2018. Financial intermediation in private equity: how well do funds of funds perform? [J]. Journal of Financial Economics, 129 (2): 287-305.

HE J, TIAN X, 2018. Finance and corporate innovation: a survey [J]. Asia-Pacific Journal of Finance Studies. 47: 165-212.

HECKSCHER E F, OHLIN B G, 1919. The effect of foreign trade on the distribution of income [M]. Cambridge: MIT Press.

HELLMAN T, PURI M, 2000. The interaction between product market and financing strategy: the role of venture capital [J]. Review of Financial Studies, 13 (4): 959-984.

HIRSHLEIFER D, HSU P, LI D, 2018. Innovative originality, profitability, and stock returns [J]. Review of Financial Studies, 31 (7): 2553-2605.

HOCHBERG Y V, LJUNGQVIST A, YANG L, 2007. Whom you know matters: venture capital networks and investment performance [J]. The Journal of Finance, 62 (1): 251-301.

HOWELL S, 2015. Financing contraints as barriers to innovation: evidence from R&D grants to energy startups [J]. working paper.

HSU D H, 2004. What do entrepreneurs pay for venture capital affiliation?

[J]. Journal of Finance, 59 (4): 1805-1844.

IVASHINA V, LERNER J, 2019. Pay now or pay later? the economics within the private equity partnership [J]. Journal of Financial Economics, 131 (1): 61-87.

JACKSON K T, 2004. Building reputational capital: strategies for integrity and fair play that improve the bottom line [M]. Cambridge: Oxford University Press.

JENSEN M C, MECKLING W H, 1976. Theory of the firm: managerial behavior, agency costs and ownership structure [J]. Journal of Financial Economics. 3 (4): 305-360.

JOCHEM T, LADIKA T, SAUTNER Z, 2018. The retention effects of unvested equity: evidence from accelerated option vesting [J]. Review of Financial Studies, 31 (11): 4142-4186.

KAPLAN S N, ZINGALES L, 1997. Do investment cash flow sensitivies provide useful measures of financing constraints? [J]. The Quarterly Journal of Economics, 112 (1): 169-215.

KOCH A, PANAYIDES M, THOMAS S, 2021. Common ownership and competition in product markets [J]. Journal of Financial Economics, 139 (1): 109-137.

KORTEWEG A, SORENSEN M, 2017. Skill and luck in private equity performance [J]. Journal of Financial Economics, 124 (3): 535-562.

KORTUM S, LERNERJ, 2000. Assessing the contribution of venture capital to innovation [J]. Rand Journal of Economics, 31: 674-692.

KRISHAN C N V, et al., 2011. Venture capital reputation, post-IPO performance and corporate governance [J]. Journal of Finance and Quantitative Analysis, 46 (5), 1295.

KUMAR P, LI D, 2016. Capital investment, innovative capacity, and stock returns [J]. The Journal of Finance, 71 (5): 2059-2094.

LEE K H, MAUER D C, XU E Q, 2018. Human capital relatedness and mergers and acquisitions [J]. Journal of Financial Economics, 129 (1): 111-135.

LELEUX B, SURLEMONT B, 2003. Public versus private venture capital:

seeding or crowding out? a pan-European analysis [J]. Journal of Business Venturing, 18 (1): 81-104.

LINDSEY L, 2008. Blurring firm boundaries: the role of venture capital in strategic alliance [J]. The Journal of Finance, 63 (3): 1137-1168.

LINS K V, SERVAES H, TAMAYO A, 2017. Social capital, trust, and firm performance: the value of corporate social responsibility during the financial crisis [J]. The Journal of Finance, 72 (4): 1785-1824.

MANN W, 2018. Creditor rights and innovation: evidence from patent collateral [J]. Journal of Financial Economics, 30 (1): 25-47.

MANSFIELD E, 1968. Industrial research and technology innovation: an econometric analysis [M]. New York: Norton.

MANSO G, 2016. Experimentation and the returns to entrepreneurship [J]. Review of Financial Studies, 29 (9): 2319-2340.

MANSO G, 2011. Motivating innovation [J]. Journal of Finance, 66: 1823-1860.

MAO C X, ZHANG C, 2018. Managerial risk-taking incentive and firm innovation: evidence from FAS 123R [J]. Journal of Financial and Quantitative Analysis, 53 (2): 867-898.

MAO Y, TIAN X, YU X, 2016. Unleashing innovation [J]. Working Papre, Cornell University.

MICHAELY R, ROSSI S, WEBER M, 2021. Signaling safety [J]. Journal of Financial Economics, 139 (2): 405-427.

MOSHIRIAN F, TIAN X, ZHANG B, ZHANG W, 2021. Stock market liberalization and innovation [J]. Journal of Financial Economics, 139 (3): 985-1014.

MUNARI F, TOSCHI L, 2015. Assessing the impact of public venture capital programmes in the United Kingdom: do regional characteristics matter? [J]. Journal of Business Venturing, 30: 205-226

NAHATA R, 2008. Venture capital reputation and investment performance [J]. Journal of Financial Economics, 90, (2): 127-151.

NANDA R, M RHODES-KROPF, 2016. Financing entrepreneurial experimentation [J]. Innovation Policy and the Economy, 16: 1-23.

PATZELT H, ZU KNYPHAUSEB – AUFSE D, FISCHER H T, 2009. Upper echelons and portfolio strategies of venture capital firms [J]. Journal of Business Venturing, 24 (6): 558-572.

PEDERSEN D J, 2019. Risk shifting and corporate pension plans: evidence from a natural experiment [J]. Journal of Financial and Quantitative Analysis, 54 (2): 907-923.

PENDER M, 2010. The impact of venture capital on innovation behavior and firm growth [J]. Venture Capital, 12 (2): 83-107.

PIACENTINO G, 2019. Venture capital and capital allocation [J]. The Journal of Finance, 74 (3): 1261-1314.

PIERRAKIS Y, SARIDAKIS G, 2017. Do publicly backed venture capital investments promote innovation? differences between privately and publicly backed funds in the UK venture capital market [J]. Journal of Business Venturing Insights, 7: 55-64.

PIERRAKIS Y, SARIDAKIS G, 2019. The role of venture capitalists in the regional innovation ecosystem: a comparison of networking patterns between private and publicly backed venture capital funds [J]. The Journal of Technology Transfer, 44 (3): 850-873.

PORTA R, SHLEIFER A, 1999. Corporate ownership around the world [J]. The Journal of Finance, 54 (2): 471-517.

ROBINSON D T, SENSOY B A, 2016. Cyclicality, performance measurement, and cash flow liquidity in private equity [J]. Journal of Financial Economics, 122 (3): 521-543.

SCHUMPETER J. A, 1934. The Theory of economic development [M]. Cambridge, MA: Harvard University Press.

SHUE K, TOWNSEND R R, 2017. How do quasi-random option grants affect CEO risk-taking? [J]. The Journal of Finance, 72 (6): 2551-2588.

SOLOW R M, ROBERT M, 1957. Technical change and the aggregate production function [J]. Review of Economics and Statistics, 39: 312-320.

SOLOW R Mm, 1956. A contribution to the theory of economic growth [J]. The Quarterly Journal of Economics, 70 (1): 65-94.

STANDERT T, MANIGART S, 2017. Government as fund-of-fund and VC fund sponsors: effect on employment in portfolio companies [J]. Journal of Small Business Economics, 50 (2): 357-373.

TIAN X, WANG T, 2014. Tolerance for failure and corporate innovation [J]. Review of Financial Studies, 27: 211-255.

TYKVOVA T, 2017. When and why do venture capital-backed companies obtain venture lending? [J]. Journal of Financial and Quantitative Analysis, 52 (3): 1049-1080.

UGHETTO E, 2010. Assessing the contribution to innovation of private equity investors: a study on European buyouts [J]. Research Policy, 39 (1): 126-140.

WANG J, NI H, HE S, 2013. How government venture capital guiding funds work in financing high-tech start-ups in China: a "strategic exchange" perspective [J]. Strategic Change, 22 (7-8): 417-429.

YANG M, ZENG Y, 2019. Financing entrepreneurial production: security design with flexible information acquisition [J]. Review of Financial Studies, 32 (3): 819-863.

ZHOU J, LI J, JIAO H, QIU H, LIU Z, 2018. The more funding the better? The moderating role of knowledge stock on the effects of different government-funded research projects on firm innovation in Chinese cultural and creative industries [J]. Technovation, 11: 1-1.